書不盡言
言不盡意
自覺聖智
完成人格

辛卯冬 二〇一二年
九四續書
南懷瑾

禅话

南怀瑾 著述

出版说明

禅宗，是中国佛教的一大宗派，其独特的人生态度、价值观念、审美情趣和思维方式，曾对中国古代社会的朝野人士，尤其是士大夫阶层产生了极为深广的影响，使之与中国思想文化史结下了不解之缘。研究禅宗的形成、发展和演化，探求它在各个时期的特点，也因此成为学术研究领域的一大课题。本书是著名学者南怀瑾先生撰写的一部介绍早期禅宗的人物和史事的著作，通俗易懂，简明扼要，甚便初学者阅读。

本书繁体字版于一九七三年在台湾问世，后由台湾老古文化事业公司出版。复旦大学出版社经南怀瑾先生和原出版单位授权，于一九九六年在中国大陆首次推出该书的简体字版。南怀瑾先生在世时，本书一直由复旦大学出版社独家出版发行。南怀瑾先生多次对复旦大学出版社的书稿进行审订、修改，并确定了最终的版本。现复旦大学出版社将此南怀瑾先生手定的经典版本再次隆重推出，作为对南怀瑾先生的纪念。

复旦大学出版社
二〇一九年十二月

目 录

出版说明	1
话头——答叔、珍两位质疑的信	1
中国禅宗的初祖——达摩大师	4
对我是谁人不识	5
面壁而坐 终日默然	8
为求真理而出家的少年学僧——神光	9
神光的断臂	12
达摩禅	16
了不可得安心法	16
禅宗开始有了衣法的传承	19
达摩所传的禅宗一悟便了吗	21
达摩禅的二入与四行	22
五度中毒 只履西归	30

南北朝时代之中国禅与达摩禅 33
北魏齐梁之间佛学与佛教发展的大势 33
齐梁之间中国的大乘禅 35
中国大乘禅的初期大师 36

南朝的奇人奇事——中国维摩禅大师傅大士 40
平实身世 40
照影顿悟 40
被诬入狱 41
舍己为人 43
名动朝野 45
帝廷论义 47
撒手还源 49
附：有关傅大士的传记资料 52
还珠留书记 53

禅宗三祖其人其事 55
从禅宗四祖的传记中追寻三祖的踪迹 56
向居士与僧璨的形影 57
关于向居士与神光大师的短简名书 58
僧璨大师的时代和历史 59
《信心铭》的价值 61

达摩禅与二、三祖的疑案 　　　　　　　　　65
二祖慧可与三祖僧璨 　　　　　　　　　　　66
二祖晚年的混俗问题 　　　　　　　　　　　68
有关二祖传记的疑案 　　　　　　　　　　　71

中国佛教原始的禅与禅宗四祖的风格 　　　74
南北朝至隋唐间禅道的发展与影响 　　　　　74
汉末有关习禅的初期发展史料 　　　　　　　75
东晋以后有关习禅的史料与论评 　　　　　　76
禅宗四祖道信的笃实禅风 　　　　　　　　　78
轻生死重去就的道信大师的风格 　　　　　　81

五祖弘忍大师 　　　　　　　　　　　　　　84
破头山上的栽松老道 　　　　　　　　　　　85
平凡的神奇充满了初唐以前的禅门 　　　　　87
隋唐以后盛传的三生再世之说 　　　　　　　89
道信大师与弘忍大师的授受祖位与其他 　　　90

懒融其人 　　　　　　　　　　　　　　　　93
隋唐间达摩禅的分布 　　　　　　　　　　　93
破头山与牛头山 　　　　　　　　　　　　　94
赚得百鸟衔花的懒融 　　　　　　　　　　　96
善恶一心都可怕 　　　　　　　　　　　　　97
在山的悟对和出山的行为 　　　　　　　　　99

法融一系的禅心与文佛 102
- 诗境与禅语 102
- 吹布毛的启发 103
- 老难为善 104
- 至圣独照的隽语 105
- 法融一系的禅心与文佛索引表 106

马祖不是妈祖 108
- 一段民间传说的插曲 110
- 马大师活用了教学法 111
- 一颗大明珠 112
- 猎到一个弓箭手 114
- 不离本行的猎手 116
- 又是一颗明珠 118

唐宋间与湖南有关的禅宗大德 120
- 唐宋间与湖南有关的禅宗大德索引表 122

南宗禅在唐初的茁壮 126
- 南行禅道落在江湖 127
- 奠基南宗的两大柱石 128
- 行思禅师 130
- 初唐时期的文化大势 132
- 唐初中国佛学的茁壮 133

一砖头打出来的宗师 134

附录 140
禅的幽默 140

南怀瑾先生著述目录 153

话 头
——答叔、珍两位质疑的信

清人舒位诗谓:"秀才文选半饥驱。"龚自珍的诗也说:"著书都为稻粱谋。"其然乎!其不然乎?二十多年来,随时随地都需要为驱饥而作稻粱的打算,但从来不厚此薄彼,动用头脑来安抚肚子。虽然中年以来,曾有几次从无想天中离位,写作过几本书,也都是被朋友们逼出来的,并非自认为确有精到的作品。

况且平生自认为不可救药的缺点有二:粗鄙不文,无论新旧文学,都缺乏素养,不够水准,此所以不敢写作者一。秉性奇懒,但愿"饱食终日,无所用心",视为人生最大享受。一旦从事写作,势必劳神费力,不胜惶恐之至,此其不敢写作者二。

无奈始终为饥饿所驱策。因此,只好信口雌黄,滥充讲学以糊口。为了讲说,难免必须动笔写些稿子。因此而受一般青年同好者所喜,自己翻觉脸红。此岂真如破山明所谓:"山迥迥,水潺潺,片片白云催犊返。风萧萧,雨洒洒,飘飘黄叶止儿啼。"如斯而已矣乎!

但能了解此意,则对我写作、讲说,每每中途而废之疑,即可谅之于心。其余诸点,暂且拈出一些古人的诗,借作"话题"一参,当可会之于心,哑然失笑了!

关于第一问者:

中路因循我所长,由来才命两相妨。
劝君莫更添蛇足,一盏醇醪不得尝。

（杜　牧）

促柱危弦太觉孤,琴边倦眼眄平芜。
香兰自判前因误,生不当门也要锄。

（龚自珍）

关于第二问者:

饱食终何用,难全不朽名。
秦灰招鼠盗,鲁壁窜鲰生。
刀笔偏无害,神仙岂易成。
却留残阙处,付与竖儒争。

（吴梅村）

关于第三问者:

一钵千家饭,孤身万里游。
睹人青眼少,问路白云头。

（布袋和尚）

勘破浮生一也无，单身只影走江湖。
鸢飞鱼跃藏真趣，绿水青山是道图。
大梦场中谁觉我，千峰顶上视迷徒。
终朝睡在鸿蒙窍，一任时人牛马呼。

（刘悟元）

南怀瑾
一九七三年孟春

中国禅宗的初祖
——达摩大师

据禅宗史料的记载，菩提达摩秉着他师父（印度禅宗第二十七祖般若多罗）的遗教，正当中国南朝梁武帝普通元年、北魏孝明帝正光元年（公元五二〇年）期间①到达了中国。他师父的遗言说："路行跨水复逢羊，独自栖栖暗渡江。"便是指他由南印度渡海东来，先到南朝与梁武帝见面，话不投机，因此就栖栖惶惶地暗渡长江，到了北朝的辖区河南的嵩山少林寺。佛典中对于杰出的人才，向来比之为龙象。达摩大师在南北朝时代，传授了禅宗的心法，虽然有了二祖慧可（神光）接承了他的衣钵，但是道育和尚与道副和尚以及比丘尼总持，也都是他的入门弟子。尤其是神光与道育，更为杰出。但是他们遭遇的时势，与传教的阻力也更为艰难。这便是他师父遗言所谓"日下可怜双象马，二株嫩桂久昌昌"的影射了。

中国的画家，在元、明以后，经常喜欢画一个环眼碧睛而虬髯的胡僧，足踏一枝芦苇，站在滔滔的波浪间，作前进的姿态，那便是描写达摩大师由南朝暗渡长江而到后

---

① 据《景德传灯录》（宋本）的西来年表。

魏的典故。达摩偷渡过江到北方去是不错，是否用一枝芦苇来渡江，却无法稽考。这很可能是把神僧"杯渡和尚"的故事，纳入"独自栖栖暗渡江"的诗情画意中，以增添达摩的神异色彩。

对我是谁人不识

达摩大师由南印度航海东来，先到了广州。那时，距离唐太宗时代大约还差一百年，玄奘法师还没有出生。而在这以前，印度的佛教与印度的文化传入中国，都是从西域经过中国西北部而来的。中国历史上所称的北魏（或称后魏），便是佛教文化的鼎盛地区，也是南北朝期间佛教最发达的时期。同时，也是中国佛教从事翻译，讲解佛经义理，寻思研探般若（慧学）等佛学文化的中心重镇。

同此时期，南朝的梁武帝也是笃信宗教的统治者，他以宗教家的资质，虔诚地相信佛教与道教。曾经亲自讲解佛经与《老子》，又持斋信佛，舍身在佛寺里做工。作为一个政治上的统治人物，以帝王之尊，舍身佛寺为奴，又充当传教师，讲解道书，过一过传教师与学者的瘾，这已是违背大政治家的法则，没有做到无偏党而"允执厥中"，也可以说，因此便注定他要失败的后果。所以达摩大师的师父（般若多罗），六十年前远在印度时，便预言他会失败。他告诉达摩说："你到中国传道，将来悟道之士，多不胜数。但在我去世后六十多年，那一个将有灾难，犹如'水中文布'（指梁武帝），你须好自为之。最好不要在南方久耽，因为南方的领导者，只是喜欢世俗有所为而为的佛教功德，对于佛法的真谛，并没有真正的认识。"

达摩大师又问他师父，中国佛教以后发展的情形。他师父说："从此以后再过一百五十年，会有个小灾难。"同时告诉他另一预言："心中虽吉外头凶，川下僧房名不中。如遇毒龙生武子，忽逢小鼠寂无穷。"这便是指中国佛教僧众中有些不自检点，因此招来北周武帝的废佛教、废僧尼的灾难，也就是中国佛教史上有名的"三武之难"之一。

预言的偶中也罢，不幸而言中也罢，这是禅的零星小火花，而非禅的重心，并不足为奇。后来达摩大师初到南方与梁武帝见了面，梁武帝果然问他："朕（我）登位以来，造佛寺、写佛经，引度人们出家为僧，多得不可胜记。我这样作功德，请问会有什么结果？"大师说："这些并无功德。"梁武帝问："何以没有功德？"大师说："这些事，只是人们想求升天的果报，终归是有渗漏的因果关系。犹如影子跟着形体，虽然是有，毕竟不是真实的事。"梁武帝又问："怎样才是真的功德呢？"大师说："真正智慧的解脱，是证悟到智慧的体性，本来便是空寂、圆明、清净、妙密的实相无相。这种智慧成就的真功德，不是以世俗的观念求得的。"梁武帝问："怎样是圣道最高的第一义呢？"大师说："空廓无相，并无圣道的境界。"梁武帝问："那么,与我相对的是谁呢?"大师说:"不知道。"

新语云①:原文记载:"帝问:'如何是圣谛第一义?'师曰:'廓然无圣。'帝问:'对朕者谁?'师曰:'不识。'"今皆擅加语体新译,以便此时此地的读者容易晓了。如要求准确,仍须读原文为准,不必随便阿从。

唯"不识"一句,应照唐音读之。相当于现在的广东话、闽南语。盖广东话及闽南语,还能直接唐音。如照现代语读之,认为"不识",就是不认识的意思,大体固然可通,究竟离禅宗语录的原意甚远了。

又:禅宗教人直接认识"我"是什么?什么是"我"?元、明以后的禅师,教人参"念佛是谁?"也便是这个意思。梁武帝被达摩大师迫得窘了,问到得道圣人们至高无上的真理,第一义谛的境界是什么?大师便说那是空廓无相,也无圣道存在的境界。因此使梁武帝更窘,所以他便直截了当用责问的口吻说:"对朕者谁?"这等于说:既然没有境界,也没有圣道和圣人的存在,那么,你不是得道的祖师吗?得道的祖师岂不就是圣人吗?那你此刻和我相对,你又是谁呢?这一句,真问到关节上去了。大师就抓住这个机会说:

---

① 本书作者的案语。

"莫知"啊！这等于说：不要说我本非我，你梁武帝若能真正懂得我本非我，现在相对之你我，毕竟无"我"可得时，你便成了！可惜梁武帝真"莫知"啊！所以大师也只好溜之大吉，偷偷地暗自渡江北去了！

关于"廓然无圣"一语，解释得最透彻的莫过于明末禅宗大师密云圆悟的答问《中庸》"虽夫妇之愚，可以与知焉。及其至也，虽圣人亦有所不知焉"的话了。密云圆悟禅师说："具足凡夫法，凡夫不知。具足圣人法，圣人不知。凡夫若知，即是圣人。圣人若知，即是凡夫。"《尚书》多方说："唯狂克念作圣，唯圣罔念作狂。"皆作如是观。

面壁而坐　终日默然

达摩大师渡过长江，到达少林寺后，便一天到晚默然不语，面对石壁跏趺而坐（俗名打坐）。他本来是从印度过来的外国和尚，可能当时言语不太通。同时，那个时代的人们，除了讲论佛学经典的义理以外，只有极少数的人学习小乘禅定的法门，根本就不知道什么是禅宗。因此，一般人对于大师的"终日默然，面壁而坐"就莫名其所以然了。所以大家便替他取了一个代号，叫他"壁观婆罗门"。当此之时，举世滔滔，哪里找到明眼人？哪里找个知心人？又向哪里找个"举世非之而不加沮，举世誉之而不加劝",立志以天下为己任的继承人呢?所以他只有独坐孤峰,面壁相对,沉潜在寂默无言的心境里,慢慢地等待着后起之秀的来临了!

新语云:后世学禅的人,有的"拿到鸡毛当令箭"认为要学禅宗,便须面对墙壁打坐,才是禅门的心法。而且这种情景,愈传愈久,流入唐、宋以后的道家,修炼神仙丹法者的手里,就变成"百日筑基,三年哺乳,九年面壁"的修道程序了。换言之,只要花上十二三年的修炼代价,便可"立地成仙"而"白日飞升"。比起六岁开始读书求学,花上十二三年的时间,才拿到一个学位,然后谋得一个职业,也仅得温饱而已。如此两相比较,学仙实在太划得来。究竟是耶?非耶?或仅为梦寐求之的呓语耶?暂时保留意见,姑不具论。但把达摩大师初到中国,在少林寺"面壁而坐"的故事,变成修道或学佛的刻板工夫,实在令人哑然失笑。因为在大师传授的教法中,实在找不出要人们都去面对墙壁而坐的指示啊!

为求真理而出家的少年学僧——神光

中国的文化思想,到了南北朝时代,承接魏、晋以来的"玄学"和"清谈"之后,翻译佛经与精思佛学的风气,空前兴盛。那种盛况,犹如现代追求科学的风气一样。于是,有一位杰出的青年,便在这个时代潮流中冲进了禅宗的传统,打破了大师"终日默然,面壁而坐"的岑寂。这就是后来中国禅宗尊为第二代祖师的神光大师。

神光大师,正式的法名叫慧可。他是河南武牢人,俗家姓姬。据说,他父亲姬寂先生在没有生他的时候,常常自己反省检讨,认为他的家庭,素来是积善之家,哪里会没有儿子呢?因此他开始祈祷求子。有一夜,他感觉到空中有一道特别的光明照到他们家,随后他的妻子就怀孕而生了神光。因此就以光命名,纪念这段祥瑞的征兆。这些都无关紧要,但照本直讲,略一叙说而已。

神光在幼童时代,他的志气就不同于一般儿童。长大以后,博览诗书,尤其精通"玄学"。可是他对家人的生产事业并无兴趣,而只喜欢游山玩水,过着适性的生活,因此他经常来往于伊川与洛阳一带。这在古代的农业社会里,也并不算是太奢侈的事。

后来他对于"玄学"的道理,愈加深入了,结果反而感觉到空谈"玄学"的乏味。并且常常感叹地说:"孔子、老子的教义,只是人文礼法的学术,树立了人伦的风气与规范。《庄子》、《易经》等书籍,也不能尽穷宇宙人生奥妙的真理。"由此可见他研究得愈深入,对形而上道愈抱有更大的怀疑了。后来他读佛经,觉得还可以超然自得,因此他便到洛阳龙门的香山,皈依宝静禅师,出家做了和尚。

又在永穆寺受了佛教所有的戒律，于是便优哉游哉，往来于各处佛学的讲座之间，遍学大乘与小乘所有的佛学。

到了三十二岁的时候，他又倦游归来，回到香山。一天到晚，只是静坐。这样经过了八年的苦行，有一天，在他默然静坐到极寂静的时候，忽然在定境中看见一个神人对他说："你想求得成就的果位，何必停留在这里呢？光明的大道并不太远，你可以再向南去。"他听了以后，知道这是神异的助力，因此，便自己改名叫神光。但到了第二天，便觉得头部犹如刀刺一样的疼痛。他的师父宝静法师知道了，想要叫他去治病。但空中又忽然有一个声音说："这是脱胎换骨，并非普通的头痛。"于是神光便把自己先后两次奇异的经过告诉了师父。他师父一看他的头顶，真的变了样，长出了五个峥嵘的头骨，犹如五个山峰挺立而出一样。因此便说："你的相的确改变了，这是吉祥的兆头，是可以证果的证明。你听到神奇的声音，叫你再向南去，我想在少林寺住着的达摩大师，可能就是你的得法师父。你最好到少林寺去探访他，听说他是一位得道的'至人'呢！"神光听了他剃度师宝静法师的教导，便到少林寺去找达摩大师。

新语云：后世讲解禅宗或禅学的人，一提到二祖神光悟道的公案，便将神光向达摩大师求乞"安心"法门一节，认为是禅的重心。殊不知"安心"法门的一段记载,只是记述达摩大师在那个时候当机对境,借此接引神光悟入心地境界,一时所用权巧方便的教授法,而并非禅宗的究竟,即止于如此。其次,大家除了追述神光因问取"安心"法门而悟道以外,完全忽略了二祖在未见达摩大师以前的个人经历,和他修习佛学的用功,以及他未见达摩以前,曾经在香山"终日宴坐"修习禅定工夫达八年之久的经过。同时更忽略了达摩大师从般若多罗尊者处得法之后,以他的睿智贤达,还自依止其师执役服勤,侍奉了四十年之久。直到他师父逝世以后,他才展开弘法的任务。现在人习禅学道,不切实际,不肯脚踏实地去做工夫,而且只以主观的成见,作客观的比较。自己不知慧力和慧根有多少,不明是非的究竟,而以极端傲慢自是之心,只知诛求别人或禅人们的过错,却不肯反躬而诚,但在口头上随便谈禅论道,在书本上求取皮毛的知识,便以此为禅,真使人油然生起"终日默然"之思了!

神光的断臂

神光到达嵩山少林寺,见到达摩大师以后,一天到晚跟着他,向他求教。可是大师却经常地"面壁"而坐,等于没有看见他一样,当然更没有教导他什么。但是神光并不因此而灰心退志,他自己反省思维,认为古人为了求道,可以为法忘身;甚至,有的敲出了骨髓来做布施;还有的输血救人;或者把自己的头发铺在地上,掩盖污泥而让佛走过;也有为了怜悯饿虎而舍身投崖自绝,布施它们去充饥(这些都是佛经上叙说修道人的故事)。在过去有圣贤住世的时代,古人们尚且这样恭敬求法,现在我有什么了不起呢?因此,他在那年十二月九日的夜里,当黄河流域最冷的季节,又碰到天气变化,在大风大雪交加之夜,他仍然站着侍候达摩大师而不稍动。等到天亮之后,他身边堆积的冰雪,已经超过了膝盖(后来宋儒程门立雪的故事,便是学习神光二祖恭敬求道的翻版文章)。

　　经过这样的一幕,达摩大师颇为怜悯他的苦志。因此便问他:"你这样长久地站在雪地中侍候我,究竟为了什么?"神光被他一问,不觉悲从中来,因此便说:"我希望大和尚(和尚是梵文译音,是佛教中最尊敬的称呼,等于大师,也有相同于活佛的意义)发发慈悲,开放你甘露一样的法门,普遍地广度一般人吧!"我们读了神光这一节答话的语气,便可看出他在求达摩大师不要缄默不言地保守禅的奥秘,而希望他能公开出来,多教化救济些人。虽然每句话都很平和,但骨子里稍有不满。达摩大师听了以后,更加严厉地对神光说:"过去诸佛至高无上的妙道,都要从远古以来,经过多生累劫勤苦精进的修持。行一般人所不能行的善行功德,忍一般人所不能忍的艰难困苦,哪里可以利用一些小小的德行、小小的心机，以轻易和自高自慢的心思，就想求得大乘道果的真谛。算了罢！你不要为了这个念头，徒然自己过不去，空劳勤苦了。"神光听了达摩大师这样一说，便偷偷地找到一把快刀，自己砍断了左手的臂膀，拿来放在大师的前面。

新语云：这是中国禅宗二祖神光有名的断臂求道的公案。我们在前面读了神光大师求法经历的记载，便可知道神光的聪明智慧，绝不是那种笨呆瓜。再明白地说，他的智慧学问，只有超过我们而并不亚于我们。像我们现在所讲的佛学之理，与口头禅等花样，他绝不是不知道。那么他何以为了求得这样一个虚无缥缈而不切实际的禅道，肯作如此的牺牲，除非他发疯了，有了精神病，才肯那么做，对吗？世间多少聪明的人，都被聪明所误，真是可惜可叹！何况现代的人们，只知讲究利害价值，专门喜欢剽窃学问，而自以为是呢！其次，更为奇怪的是神光为了求道，为什么硬要砍断一条臂膀？多叩几个头，跪在地上，加上眼泪鼻涕的苦苦哀求不就得了吗？再不然送些黄金美钞，多加些价钱也该差不多了。岂不闻钱可通神吗？为什么偏要断臂呢？这真是千古呆事，也是千古奇事。神光既不是出卖人肉的人，达摩也不是吃人肉的人，为什么硬要断去一条臂膀呢？姑且不说追求出世法的大道吧，世间历史上许多的忠臣孝子、节妇义夫，他们也都和神光一样是呆子吗？宁可为了一个不着边际的信念，不肯低头，不肯屈膝，不肯自损人格而视死如归；从容地走上断头台，从容地钉上十字架。这又是为了什么呢？儒家教诲对人对事无不竭尽心力者谓之忠，敬事父母无不竭尽心力者谓之孝。如果以凡夫看来，应当也是呆事。"千古难能唯此呆"，我愿世人"尽回大地花千万，供养宗门一臂禅"。那么，世间与出世间的事，尽于此矣。

此外，达摩大师的运气真好，到了中国，恰巧就碰上了神光这个老好人。如果他迟到现在才来，还是用这种教授法来教人，不被人按铃控告到法院里去吃官司，背上种种的罪名才怪呢！更有可能会挨揍一顿，或者被人捅一短刀或扁钻。如果只是生闷气地走开算了，那还算是当今天底下的第一等好人呢。后来禅宗的南泉禅师便悟出了这个道理，所以他晚年时，厌倦了"得天下之蠢材而教之"的痛苦，便故意开斋吃荤，赶跑了许多围绕他的群众。然后他便说："你看，只要一盘肉，就赶跑了这些闲神野鬼。"多痛快啊！

达摩禅

了不可得安心法

神光为了求法斩断了一条左臂,因此赢得了达摩大师严格到不近人情的考验,认为他是一个可以担当佛门重任,足以传授心法的大器。便对他说:"过去一切诸佛,最初求道的时候,为了求法而忘记了自己形骸肉体的生命。你现在为了求法,宁肯斩断了一条左臂,实在也可以了。"于是就替他更换一个法名,叫慧可。神光便问:"一切诸佛法印,可不可以明白地讲出来听一听呢?"达摩大师说:"一切诸佛的法印,并不是向别人那里求得的啊!"因此神光又说:"但是我的心始终不能安宁,求师父给我一个安心的法门吧!"达摩大师说:"你拿心来,我就给你安。"神光过了好一阵子才说:"要我把心找出来,实在了不可得。"达摩大师便说:"那么,我已经为你安心了!"

新语云:这便是中国禅宗里有名的二祖神光求乞"安心"法门的公案。一般都认为神光就在这次与达摩大师的对话中,悟得了道。其实,禅宗语录中,只记叙这段对话,并没有说这便是二祖神光悟道的关键。

如果说神光便因此而大彻大悟，那实在是自误误人了。根据语录的记载，神光问："诸佛法印，可得闻乎？"达摩大师只是告诉他"诸佛法印，匪从人得"。也就是说：佛法并不是向别人那里求得一个东西的。因此启发了神光的反躬自省，才坦白说出"反求诸己"以后，总是觉得此心无法能安，所以求大师给他一个安心的法门。于是便惹得达摩大师运用启发式的教授法，对他说："只要你把心拿出来，我就给你安。"不要说是神光，谁也知道此心无形相可得，无定位可求，向哪里找得出呢？因此神光只好老实地说："要把心拿出来，那根本是了无迹象可得的啊！"大师便说："我为汝安心竟。"这等于说：此心既无迹象可得，岂不是不必求安，就自然安了吗？换言之，你有一个求得安心的念头存在，早就不能安了。只要你放心任运，没有任何善恶是非的要求，此心何必求安？它本来就自安了。虽然如此，假使真能做到安心，也只是禅门入手的方法而已。如果认为这样便是禅，那就未必尽然了。

除此以外，其他的记载，说达摩大师曾经对神光说过："外息诸缘，内心无喘。心如墙壁，可以入道。"神光依此做工夫以后，曾经以种种见解说明心性的道理，始终不得大师的认可。但是大师只说他讲得不对，也并没有对他说"无念便是心体"的道理。有一次，神光说："我已经休息了一切的外缘了。"大师说：

"不是一切都断灭的空无吧？"神光说："不是断灭的境界。"大师说："你凭什么考验自己，认为并不断灭呢？"神光说："外息诸缘以后，还是了了常知的嘛！这个境界，不是言语文字能讲得出来的。"大师说："这便是一切诸佛所传心地的体性之法，你不必再有怀疑了。"有些人认为这才是禅宗的切实法门，也有人以为这一段的真实性，值得怀疑。因为这种方法，近于小乘佛法的"禅观"修习，和后来宗师们的方法，大有出入，而达摩大师所传的禅，是大乘佛法的直接心法，绝不会说出近于小乘"禅观"的法语。其实，真能做到"外息诸缘，内心无喘"，就当然会内外隔绝，而"心如墙壁"了。反之，真能做到"心如墙壁"，那么"外息诸缘，内心无喘"自然就是"安心"的法门了。所以神光的"觅心了不可得"，和达摩的"我为汝安心竟"，虽然是启发性的教授法，它与"外息诸缘"等四句教诫性的方法，表面看来，好像大不相同。事实上，无论这两者有何不同，都只是禅宗"可以入道"的方法，而非禅的真髓。换言之，这都是宗不离教，教不离宗的如来禅，也就是达摩大师初来中国所传的如理如实的禅宗法门，地道笃实，绝不虚晃花枪。这也正和大师嘱咐神光以四卷《楞伽经》来印证修行的道理，完全契合而无疑问了。现在人谈禅，"外着诸缘，内心多欲"，心如乱麻，哪能入道呢！

禅宗开始有了衣法的传承

达摩大师在少林寺耽搁了九年,将要回国之前,便对门人们说:"我要回国的时间快到了,你们都各自说说自己的心得吧!"

道副说:"依我的见解,不要执着于文字,但也不离于文字,这便是道的妙用。"

大师说:"你得到我的皮毛了。"

总持比丘尼说:"依我现在的见解,犹如庆喜看见阿閦佛国(佛说东方另一佛之国土)的情景一样。见过了一次,认识实相以后,更不须再见了。"

大师说:"你得到我的肉了。"

道育说:"四大(地、水、火、风)本来是空的,五阴(色、受、想、行、识)并非是实有的。依我所见,并无一法可得。"

大师说:"你得到我的骨了。"

最后轮到神光(慧可)报告,他只是作礼叩拜,而后依然站在原位,并未说话。

大师说:"你得到我的真髓了!"

因此又说:"从前佛以'正法眼'交付给摩诃迦叶大士,历代辗转嘱咐,累积至今,而到了我这一代。我现在交付给你了,你应当好好地护持它。同时我把我的袈裟

（僧衣）一件传授给你，以为传法的凭信。我这样做，表示了什么意义，你可知道吧？"神光说："请师父明白指示。"大师说："内在传授法印，以实证心地的法门。外加传付袈裟，表示建立禅宗的宗旨。因为后代的人们，心地愈来愈狭窄，多疑多虑，或许认为我是印度人，你是中国人，凭什么说你已经得法了呢？有什么证明呢？你现在接受了我传授衣法的责任，以后可能会有阻难。届时，只要拿出这件征信的僧衣和我传法的偈语，表明事实，对于将来的教化，便无多大妨碍了。在我逝灭后两百年，这件僧衣就停止不传了。那个时候，禅宗的法门，周遍到各处。不过明道的人多，真正行道的人很少。讲道理的人多，通道理的人太少。但在千万人中，沉潜隐秘地修行，因此而证得道果的人也会有的。你应当阐扬此道，不可轻视没有开悟的人。你要知道，任何一个人，只要在一念之间，回转了向外驰求的心机，便会等同于本来已自得道的境界一样。现在，我把传法偈语交代给你：

> 吾本来兹土，传法救迷情。
> 一花开五叶，结果自然成。

同时引述《楞伽经》四卷的要义，印证修持心地法门的道理。接着大师又说："《楞伽经》便是直指众生心地法门的要典，开示一切众生，由此悟入。我到中国以后，有人在暗中谋害我,曾经五次用毒。我也曾经亲自排吐出毒药来试验,把它放在石头上,石头就裂了。其实我离开南印度,东渡到中国来,是因为中国有大乘的气象,所以才跨海而来,以求得继承心法的人。到了中国以后,因为机缘际遇还没到,只好装聋作哑、如愚若讷地等待时机。现在得到你,传授了心法,我此行的本意总算有了结果了。"

新语云:除此以外,其他的事理应该去研读原文,如《传灯录》、《五灯会元》、《指月录》等禅宗史书,不必多加细说。

达摩所传的禅宗一悟便了吗

看了以上所列举的达摩大师初到中国传授禅宗心法的史料故事,根本找不出一悟就了,便是禅的重心的说法。所谓"安心"法门,所谓"外息诸缘,内心无喘"等的教法,也不过是"可以入道"的指示而已。尤其由"外息诸缘,内心无喘"与"安心"而到达证悟的境界,实在需要一大段切实工夫的程序,而且更离不开佛学经论教义中所有的教理。达摩大师最初指出要以四卷《楞伽经》的义理来印证心地用功法门,那便是切实指示修行的重要。

在佛学的要义里,所谓"修行"的"行"字,它是包括"心行"(心理思想活动的状况)和"行为"两方面的自我省察、自我修正的实证经验。如果只注重禅定的工夫以求自了，这就偏向于小乘的极果，欠缺"心行"和"行为"上的功德，而不能达到觉行圆满的佛果境界。其次，倘使只在一机一境、一言一语上悟了些道理，认为稍有会心的情景就是禅，因此便逍遥任运，放旷自在，自信这就是道，这就是禅的悟境，那不变为"狂禅"和"口头禅"才怪呢！这样的禅悟，应该只能说是"禅误"，才比较恰当。可是后世的禅风，滔滔者多属此辈，到了现在，此风尤烈，哪里真有禅的影子呢！

达摩大师所传的禅宗，除了接引二祖神光一段特殊教授法的记载以外，对于学禅的重点，着重在修正"心念"和"行为"的要义，曾经有最恳切的指示。可是人们都避重就轻，忽略了"安心"而"可以入道"以后，如何发起慈悲的"心行"，与如何"待人接物"的"方便"。

达摩禅的二入与四行

新语云：达摩大师东来中国以后，他所传授的原始禅宗，我们暂且命名它为"达摩禅"。现在概括"达摩禅"的要义，是以"二入"、"四行"为主。所谓"二入"，就是"理入"与"行入"二门。所谓"四行"，就是"报冤行、随缘行、无所求行、称法行"四行。

"理入"并不离于大小乘佛经所有的教理，由于圆融通达所有"了义教"的教理,深信一切众生本自具足同一的真性,只因客尘烦恼的障碍,所以不能明显地自证自了。如果能够舍除妄想而归真返璞,凝定在内外隔绝"心如墙壁"的"壁观"境界上,由此坚定不变,更不依文解义,妄生枝节,但自与"了义"的教理冥相符契,住于寂然无为之境,由此而契悟宗旨,便是真正的"理入"法门。这也就是后来天台、华严等宗派所标榜的"闻、思、修、慧""教、理、行、果""信、解、行、证"等的滥觞。

换言之,达摩大师原始所传的禅,是不离以禅定为入门方法的禅。但禅定(包括四禅八定)也只是求证教理,而进入佛法心要的一种必经的方法而已。如"壁观"之类的禅定最多只能算是小乘"禅观"的极果,而不能认为禅定便是禅宗的宗旨。同时如"壁观"一样在禅定的境界上,没有向上一悟而证入宗旨的,更不是达摩禅的用心了。例如二祖神光在未见达摩以前,已经在香山宴坐八年。既然能够八年宴然静坐,难道就不能片刻"安心"吗?何以他后来又有求乞"安心"法门的一段,而得到达摩大师的启发呢?这便是在禅定中,还必须有向上一悟的明证。因此,后来禅师们常有譬喻,说它如"狮子一滴乳,能迸散八斛驴乳"。

"行入"达摩大师以"四行"而概括大小乘佛学经论的要义,不但为中国禅宗精义的所在,而且也是隋、唐以后中国佛教与中国文化融会为一的精神之所系。可惜后来一般学禅的人，看祖师的语录、读禅宗的史书等，只喜欢看公案、参机锋、转语，而以为禅宗的宗旨，尽在此矣。殊不知错认方向，忽略禅宗祖师们的真正言行。因此，失却禅宗的精神，而早已走入禅的魔境，古德们所谓"杜撰禅和，如麻似粟"，的确到处都是。

（一）所谓"报冤行"

这就是说，凡是学佛学禅的人，首先要建立一个确定的人生观。认为我这一生，来到这个世界，根本就是来偿还欠债，报答所有与我有关之人的冤缘的。因为我们赤手空拳、赤条条地来到这个世界上，本来就一无所有。长大成人，吃的穿的，所有的一切，都是众生、国家、父母、师友们给予的恩惠。我只有负人，别人并无负我之处。因此，要尽我之所有，尽我之所能，贡献给世界的人们，以报谢他们的恩惠，还清我多生累劫自有生命以来的旧债。甚至不惜牺牲自己而为世为人，济世利物。大乘佛学所说首重布施的要点，也即由此而出发。这种精神不但与孔子的"忠恕之道"，以及"躬自厚，而薄责于人"的入世之教互相吻合，而且与老子的"生而不有，为而不恃"的效法天道自然的观念，以及"以德报怨"的精神完全相同。达摩大师自到中国以后，被人所嫉，曾经被五次施毒，他既不还报，也无怨言。最后找到了传人，所愿已达，为了满足妒忌者仇视的愿望，才中毒而终。这便是他以身教示范的宗风。以现代语来讲，这是真正的宗教家、哲学家的精神所在。苏格拉底的从容自饮毒药；耶稣的被钉上十字架；子路的正其衣冠，引颈就戮；文天祥的从容走上断头台等事迹，也都同此道义而无二致。只是其间的出发点与目的，各有不同。原始在印度修习小乘佛学有成就的阿罗汉们，到了最后的生死之际，便说："我生已尽，梵行已立，所作已办，不受后有。"然后便溘然而逝，从容而终。后来禅宗六祖的弟子，永嘉大师在《证道歌》中说："了即业障本来空，未了先须偿宿债。"都是这个宗旨的引申。所以真正的禅宗，并不是只以梅花明月，洁身自好便为究竟。后世学禅的人，只重理悟而不重行持，早已大错而特错。因此达摩大师在遗言中，便早已说过："至吾灭后二百年，衣止不传，法周沙界。明道者多，行道者少。说理者多，通理者少。"深可慨然！

僧昙琳序记达摩大师《略辨大乘入道四行》云：
"谓修道行人若受苦时，当自念言：我从往昔无数劫中，弃本从末，流浪诸有，多起冤憎，危害无限。今虽无犯，是我宿殃，恶业果熟，非天非人所能见与。甘心忍受，都无冤诉。经云：逢苦不忧。何以故？识达故。此心生时，与理相应,体冤进道,故说言报冤行。"

(二)所谓"随缘行"

佛学要旨,标出世间一切人、事,都是因缘聚散无常的变化现象。"缘起性空,性空缘起",此中本来无我、无人,也无一成不变之物的存在。因此对苦乐、顺逆、荣辱等境,皆视为等同如梦如幻的变现,而了无实义可得。后世禅师们所谓的"放下"、"不执著"、"随缘销旧业,不必造新殃",也便由这种要旨的扼要归纳而来。这些观念,便是"淡泊明志,宁静致远"的更深一层的精义。它与《易经·系辞传》所谓"君子所居而安者,易之序也。所乐而玩者,爻之辞也","居易以俟命",以及老子的"少私寡欲"法天之道,孔子的"饭蔬食,饮水,曲肱而枕之,乐亦在其中矣。不义而富且贵,于吾如浮云"等教诫,完全吻合。由此观念,而促使佛家许多高僧大德们"入山唯恐不深"、"遁世唯恐不密"。由此观念,而培植出道、儒两家许多隐士、神仙、高士和处士们"清风亮节"的高行。但如以"攀缘"为"随缘",则离道日远,虽然暂时求静,又有何益?

僧昙琳序记云:

"众生无我,并缘业所转。苦乐齐受,皆从缘生。若得胜报荣誉等事,是我过去宿因所感,今方得之。缘尽还无,何喜之有。得失从缘,心无增减。喜风不动,冥顺于道,是故说言随缘行也。"

(三)所谓"无所求行"

就是大乘佛法心超尘累、离群出世的精义。凡是人,处世都有所求。有了所求,就有所欲。换言之,有了所欲,必有所求。有求就有得失、荣辱之患;有了得失、荣辱之患,便有佛说"求不得苦"的苦恼悲忧了。所以孔子也说:"吾未见刚者。"或对曰:"申枨。"子曰:"枨也欲,焉得刚。"如果把孔子所指的这个意义,与佛法的精义衔接并立起来,便可得出"有求皆苦,无欲则刚"的结论了。倘使真正诚心学佛修禅的人,则必有一基本的人生观,认为尽其所有,都是为了偿还宿世的业债,而酬谢现有世间的一切。因此,立身处世在现有的世间,只是随缘度日以销旧业,而无其他的所求了。这与老子的"道法自然"以及"不自伐,故有功。不自矜,故长。夫唯不争,故天下莫能与之争";乃至孔子所谓"富而可求也,虽执鞭之士,吾亦为之。如不可求,从吾所好"都是本着同一精神,而从不同的立场说法。但是后世学禅的人,却以有所得的交易之心,要求无相、无为而无所得的道果,如此恰恰背道而驰,于是适得其反的效果,当然就难以避免了。

僧昙琳序记云：

"世人长迷，处处贪着，名之为求。智者悟真，理将俗反。安心无为，形随运转。万有斯空，无所愿乐。功德黑暗，常相随逐。三界久居，犹如火宅。有身皆苦，谁得而安。了达此处，故舍诸有，息想无求。经云：有求皆苦，无求乃乐。判知无求，真为道行。故言无所求行也。"

（四）所谓"称法行"

这是归纳性的包括大小乘佛法全部行止的要义。主要的精神，在于了解人空、法空之理，而得大智慧解脱道果以后，仍须以利世济物为行为的准则。始终建立在大乘佛法以布施为先的基础之上，并非专门注重在"榔楛横担不见人，直入千峰万峰去"，而认为它就是禅宗的正行。

僧昙琳序记云：

"性净之理，目之为法。此理，众相斯空，无染无着，无此无彼。经云：法无众生，离众生垢故。法无有我，离我垢故。智者若能信解此理，应当称法而行。法体无悭，于身命财，行檀舍施，心无吝惜。达解二空，不倚不着。但为去垢，称化众生，而不取相。此为自行，复能利他，亦能庄严菩提之道。檀施既尔，余五亦然。为除妄想，修行六度而无所行，是为称法行。"

以上所说的，这是达摩禅的"正行"，也便是真正学佛、学禅的"正行"。无论中唐以后的南北二宗是如何的异同，但可以肯定地说一句：凡不合于达摩大师初传禅宗的"四行"者，统为误谬，那是毫无疑义的。如果确能依此而修心行，则大小乘佛学所说的戒、定、慧学，统在其中矣。

达摩大师曾经住过禹门千圣寺三天，答复期城太守杨衒之的问题，其原文如下：

杨问师曰："西天五印师承为祖，其道如何？"师曰："明佛心宗，行解相应，名之曰祖。"又问："此外如何？"师曰："须明他心，知其今古。不厌有无，于法无取。不贤不愚，无迷无悟。若能是解，故称为祖。"又曰："弟子归心三宝，亦有年矣。而智慧昏蒙，尚迷真理。适听师言，罔知攸措。愿师慈悲，开示宗旨。"师知恳到，即说偈曰："亦不观恶而生嫌，亦不劝善而勤措。亦不舍智而近愚，亦不抛迷而就悟。达大道兮过量，通佛心兮出度。不与凡圣同躔，超然名之曰祖。"衒之闻偈，悲善交并。曰："愿师久住世间，化导群有。"师曰："吾即逝矣，不可久留。根性万差，多逢患难。"

五度中毒　只履西归

　　圣贤的应世，都为济物利生而立志。但圣贤的事业，都从艰危困苦中而树立，甚至赔上自己的性命，也是意料中事。达摩大师看到当时印度佛教文化，已经不可救药，看到中国有大乘气象，可以传佛心法，所以他便航海东来，在中国住了九年。而且在短短的九年之中，大半时间还是终日默然在少林寺面壁而坐。如此与世无争，为什么还有些人想尽办法要谋害他？这是所为何来呢？

　　有一次，某大学一位哲学研究所的学生问我："学禅学佛的人，起码应该是看空一切。为什么禅宗六祖慧能大师为了衣钵，还要犹如避仇一样地逃避争夺的敌对派？这样看来，又何必学佛修禅呢？"这与达摩大师来传禅宗心法，为什么还有人要五、六次谋害他，都是同一性质的问题。

　　如果从这个角度来看，我们号称为万物之灵的人类，本来就有这样丑陋而可怕的一面。古语说"文章是自己的好"，所以"文人千古相轻"，争端永远不息。这所谓的文人，同时还包括了艺术等近于文学的人和事。其实，岂但"文人千古相轻"，各界各业，乃至人与人之间，谁又真能和平地谦虚礼让呢？所以"宗教中千古互相敌视"，"社会间千古互相嫉恨"，都是司空见惯，中外一例的事。人就是这样可怜的动物，它天生具有妒嫉、仇视别人的恶根。倘使不经道德学问的深切锻炼与修养,它是永远存在的,只是有时候并未遇缘爆发而已。况且还有些专讲仁义道德和宗教的人,学识愈深,心胸愈窄,往往为了意见同异之争,动辄意气用事,乃至非置人于死地不可。佛说"贪、嗔、痴、慢、疑"五毒,是为众生业障的根本。妒嫉、残害等心理,都是随五毒而来的无明烦恼。道行德业愈高,愈容易成为众矢之的。所谓"高明之家,鬼瞰其室",也包括了这个道理。印度的禅宗二十四代祖师师子尊者,预知宿报而应劫被杀。后世密宗的木讷尊者,具足六通,也自甘为嫉者饮毒而亡。此外,如耶稣的被钉十字架;希腊的大哲学家苏格拉底饮毒受刑;孔子困于陈、蔡,厄于鲁、卫之间,其所遭遇的艰危困顿,唯仅免于死而已。达摩大师最后的自愿饮毒,对证他所昭示的"四行"的道理,可以说他是"心安理得",言行如一。后来二祖神光的临终受害,也是依样画葫芦。

其次,关于达摩大师的下落,在中国禅宗的史料上,就有好几种不同的传说,最有名的便是"只履西归"的故事。据宋本《传灯录》祖师及西来年表的记载,当梁大通二年,即北魏孝明武泰元年,达摩大师以"化缘已毕,传法得人",遂自甘中毒而逝,葬熊耳山,起塔(即世俗人之坟墓)于定林寺。记云:

"北魏宋云,奉使西域回。遇师于葱岭,见手携只履,翩翩独逝。云问师何往?师曰:西天去。又谓云曰:汝主已厌世。云闻之茫然，别师东迈。暨复命，即明帝已登遐矣。迨孝庄即位，云具奏其事。帝令启圹，唯空棺，一只草履存焉。"

其次，僧念常著《佛祖历代通载》，关于达摩大师的死生问题，曾有论曰："契嵩明教著《传法正宗记》，称达摩住世凡数百年，谅其已登圣果，得意生身，非分段生死所拘。及来此土，示终葬毕，乃复全身以归，则其寿固不可以世情测也……"但念常的结论，对于明教法师的论述，并不谓然。如云："故二祖礼三拜后依位而立，当尔之际，印尘劫于瞬息，洞刹海于毫端，直下承当，全身负荷，正所谓'通玄峰顶，不是人间'。入此门来，不存知解者也。乌有动静去来彼此时分而可辩哉！"

又：盛唐以后，西藏密教兴盛。传到宋、元之间，密宗"大手印"的法门，普遍弘开。而且传说达摩大师在中国"只履西归"以后，又转入西藏传授了"大手印"的法门。所以认为"大手印"也就是达摩禅。禅宗也就是大密教。

至于《高僧传》，则只写出了达摩大师自称当时活了一百五十岁。

总之，这些有关神通的事情，是属于禅与宗教之间的神秘问题，姑且存而不论。因为禅宗的重心"只贵子见正，不贵子行履"。神通的神秘性，与修持禅定工夫的行履有关，所以暂且略而不谈。

南北朝时代之中国禅与达摩禅

北魏齐梁之间佛学与佛教发展的大势

中国的历史,继魏晋以后,就是史书上所称的南北朝时代。这个时代从东晋开始,到李唐帝业的兴起,先后约经三百年左右,在这三百年间,从历史的角度和以统一为主的史学观念来说,我们也可称之为中国中古的"黑暗时期",或"变乱时期"。而从人类世界历史文化的发展来说,每个变乱的时代,往往就是文化、学术思想最发达的时代。或是时代刺激思想而发展学术;或由思想学术而反激出时代的变乱,实在很难遽下定论。因为错综复杂的因素太多,不能单从某一角度而以偏概全。现在仅从禅宗的发展史而立论,除了已经提出在北魏与梁武帝时代的达摩禅传入中国以外,还必须先了解当时在中国佛教中的中国禅等情形,然后综合清理其间的种种脉络,才能了解隋、唐以后中国禅宗兴起的史实。

人尽皆知达摩大师初来中国的动机,是他认为"东土震旦,有大乘气象"。因此渡海东来,传授了禅宗。我们从历史上回顾一下那个时期中国佛教的情形,究竟是如何的有大乘气象呢?现在先从东晋前后的情势来讲。

关于翻译佛经：著名的有鸠摩罗什、佛陀耶舍、佛驮跋陀罗、法显、昙无谶等声势浩大的译经事业。由东晋到齐、梁之间，后先相继，其中约有三十多位大师为其中心，尽心致力其事。

关于佛学义理的高深造诣：著名的有朱士行、康僧渊、支遁、道安、昙翼、僧睿、僧肇、竺道生、玄畅等，而先后相互辉映的辅佐人士，约三百人左右。

至于其中首先开创宗派，成为中国佛教的特征的，就是慧远法师在庐山结立白莲社，为后世中国净土宗的初祖。

此外，以神异（神通）作为教化的，先后约三十人左右。其中东晋时期的佛图澄、刘宋的神僧杯度等，对于当代匡时救世之功，实有多者。至于其他以习禅、守戒，以及以从事宣扬佛教的各种活动而著名于当世的，先后约有一百二三十人。但以上所说，只是对当时佛教中的西域客僧与中国的出家僧人而言。有关比丘尼（出家的女众）、帝王、将相、长者、居士，以及一般林林总总的信奉者，当然无法统计。唯据史称梁天监八年，即北魏永平二年间（公元五〇九年）的记载，可以窥其大略：

"时佛教盛于洛阳（魏都）。沙门自西域来者，三千余人。魏主别为之立永明寺千余间以居之。处士冯亮有巧思，魏主使择嵩山形胜之地，立闲居寺，极岩壑土木之美。由是远近承风，无不事佛。比及延昌（北魏宣武帝年号），州郡共有一万三千余寺，僧众二百万。"

但是南朝由宋、齐、梁所建立的佛寺，以及度僧出家的人数，还不在此限，也无法详细统计，如据《高僧传》等所载，梁武帝对达摩大师所说："朕即位已来，造寺、写经、度僧，不可胜记。"虽然言之过甚，但以梁武帝的作风来说，当然是很多很多。后来中唐时代诗人杜牧诗云："南朝四百八十寺，多少楼台烟雨中。"也只是指出邻近于金陵、扬州一带，江南的一角而已，并不涉及黄河南北与大江南北等地。从以上所列举的情形，对于当时的佛教和佛学文化的发展趋势，足以看出它声势的浩大，影响朝野上下，无所不至。

总之，魏晋南北朝时代三百年间，由五胡乱华而形成变乱相仍，战伐不已的局面，凡有才识之士，大都倾向于当时名士陶渊明的高蹈避世路线。同时又适逢佛学开始昌明，因此就将悲天悯人的情绪，统统趋向于形而上道的思想领域。所以佛教中的人才，大多都是当时英华秀出的俊彦之士。次如立身从政，而又"危行言逊"的文人学士，名重当时而足以影响学术思想者，如齐、梁之间的范云、沈约、任昉、陶弘景、谢朓、何点、何胤、刘勰等人，都与佛学结有不解之缘。

齐梁之间中国的大乘禅

佛学的主旨，重在修证。而修证的方法，都以禅定为其中心。自东晋以来，因佛图澄等人屡示神异为教化，并又传译小乘禅观等的修持方法。修习禅定，对于一般从事佛学研究和信仰佛教者，已经成为时髦的风气。后来又因译经事业的发达，许多英华才智之士，吸收佛学的精义，融会中国固有文化的精华，渐渐形成中国大乘佛学的新面目，因此达摩大师从印度东来之前曾说："东土震旦，有大乘气象。"这并非完全是凭空臆测之语。即使达摩大师不来中国传授禅宗，如果假以时日，中国的禅道亦将独自形成另一新兴的宗派，犹如东晋时期的慧远法师，独立开创净土宗一样。这也是事有必至、理有固然的道理。例如在齐、梁之际，当达摩大师东来之前，中国本土大乘禅的代表人物，最著名的便有宝志和尚、傅大士、慧文法师等三人，而且他们的言行，对于隋、唐以后新兴的禅宗与其他宗派——如天台、华严宗等，都有莫大的影响。

中国大乘禅的初期大师

宝志禅师，世称志公和尚，据梁释慧皎所撰《高僧传》的记载：

"保志，本姓朱，金城人。少出家，师事沙门僧俭为和尚，修习禅业。至宋太始初，忽如僻异，居止无定，饮食无时，发长数寸，常跣行街巷，执一锡杖，杖头挂剪刀及镜，或挂一两匹帛。齐建元中，稍见异迹，数日不食，亦无饥容。与人言,始若难晓,后皆效验。时或赋诗,言如谶记。京土士庶,皆敬事之。"

又据《五灯会元》等所载:

"初,东阳民朱氏之妇,上巳日,闻儿啼鹰巢中,梯树得之,举以为子。七岁,依钟山沙门僧俭出家,专修禅观。宋太始二年,发而徒跣,着锦袍,往来皖山剑水之下,以剪尺拂子挂杖头,负之而行。天监二年,梁武帝诏问:弟子烦惑未除,何以治之?答曰:十二。帝问其旨如何?答曰:在书字时节刻漏中。帝益不晓。"

总之,志公在齐、梁之际,以神异的行径,行使教化,这是他处乱世行正道,和光同尘的逆行方式,正如老子所说"正言若反"的意义一样。而他对于大乘佛法的正面真义,却有《大乘赞》十首、《十二时颂》与《十四科颂》等名篇流传后世。尤其《十四科颂》中,对于当时以及后世的佛学思想与佛法修证的精义,充分发挥了中国佛学的大乘精神。我们在千载以后读之,已经习惯成自然,并不觉得怎样特别,但对当时的学术思想界和佛学的观念来说,却是非常大胆而富有创见的著作,的确不同凡响。其中他所提出的十四项"不二法门"的观点,影响隋、唐以后的佛学和学术思想,实在非常有力。也可以说,唐代以后的禅宗,与其说是达摩禅,毋宁说是混合达摩、志公、傅大士的禅宗思想,更为恰当。因文繁不录,但就志公《十四科颂》的提示,便可由此一斑而得窥全豹:

（一）菩提烦恼不二。（二）持犯不二。（三）佛与众生不二。（四）事理不二。（五）静乱不二。（六）善恶不二。（七）色空不二。（八）生死不二。（九）断除不二。（十）真俗不二。（十一）解缚不二。（十二）境照不二。（十三）运用无碍不二。（十四）迷悟不二。

以上所举志公《十四科颂》的提纲，虽然没有完全抄录内容，但他所提出的问题，都是当时佛学界的重要问题。因为汉末到齐梁之间，大乘佛学的内容，没有完全翻译过来，大多都是根据小乘佛学的观点，还未融会大小乘佛学的真谛。总之，当齐、梁之际，在志公之前，中国本土的学者，极少有人能融会佛学的大乘义理与禅定的修证工夫，而知行合一的。但从志公、傅大士、慧文法师以后，那就大有不同了。

因此，如果要讲中国禅的开始和禅宗的发展史，就应当从志公等人说起。但志公遭逢乱世，同时中国禅的风气尚未建立，因故意装疯卖傻，而以神秘的姿态出现。就如他的出生与身世，也都是充满了神秘的疑案。到了南宋以后，杭州灵隐寺的道济禅师，他的作风行径，也走此路线，世称"济公"。后人景慕他的为人，把他的传闻事迹，在明、清以后，还编成了小说，称为《济公传》，普遍流行，深受一般社会的欢迎。《济公传》中许多故事，就是套用志公的事迹，混合构想而编成的。至于以神异行化的作用何在，我认为梁释慧皎法师著作《高僧传》的评论，最为恰当。如云：

"论曰：神道之为化也，盖以抑夸强、摧侮慢、挫凶锐、解尘纷。至若飞轮御宝，则善信归降；竦石参烟，则力士潜伏。当知至治无心，刚柔在化，自晋惠失政，怀愍播迁，中州寇荡，窦羯乱交，渊曜篡虐于前，勒虎潜凶于后，郡国分崩，民遭涂炭。澄公悯锋镝之方始，痛刑害之未央，遂彰神化于葛陂，骋悬记于襄邺，借秘咒而济将尽，拟香气而拔临危，瞻铃映掌，坐定凶吉，终令二石稽首，荒裔子来，泽润苍生，固无以校也。其后佛调、耆域、涉公、杯度等，或韬光晦影，俯同迷俗；或显现神奇，遥记方兆；或死而更生；或窆后空椁；灵迹怪诡，莫测其然！但典章不同，去取亦异，至如刘安、李脱，书史则以为谋僭妖荡，仙录则以为羽化云翔。夫理之所贵者，合道也，事之所贵者，济物也，故权者反常而合道，利用以成务。然前传所记，其详莫究，或由法身应感，或是遁仙高逸，但使一分兼人，便足高矣。至如慧则之感香瓮，能致痼疾消瘳；史宗之过渔梁，乃令潜鳞得命；白足临刃不伤，遗法为之更始；保志分身圆户，帝王以之加信；光虽和而弗污其体，尘虽同而弗渝其真，故先代文纪，并见宗录。若其夸炫方伎，左道乱时，因神药而高飞，借芳芝而寿考，与夫鸡鸣云中，狗吠天上，蛇鹄不死，龟灵千年，曾是为异乎！"

南朝的奇人奇事
——中国维摩禅大师傅大士

平实身世

傅大士,又称善慧大士。这都是后世禅宗和佛教中人对他的尊称(大士或开士,都是佛教对菩萨一词意译的简称)。他是浙江东阳郡义乌县双林乡人,父名傅宣慈,母王氏。大士生于齐建武四年(公元四九七年),禅宗初祖达摩到中国时,他已二十三岁。本名翕,又说名弘,十六岁,娶刘妙光为妻。生二子,一名普建,一名普成。他在二十四岁时,和乡里中人同在稽亭浦捕鱼,捕到鱼后,他又把鱼笼沉入水中,一边祷祝着说:"去者适,止者留。"大家都笑他是"愚人"。

照影顿悟

当时,有一位印度来的高僧,他的名字也叫达摩(与禅宗初祖的达摩同音,不知是同是别),也住在嵩山,所以一般人都叫他为嵩头陀。有一天,嵩头陀来和傅大士说:"我与你过去在毗婆尸佛(在释迦牟尼佛前六佛之首,即是本劫——贤圣劫中的第一尊佛）前面同有誓愿。现在兜率天宫中，还存有你我的衣钵，你到哪一天才回头啊？"大士听后，瞪目茫然，不知所对。因此嵩头陀便教他临水观影，他看见自己的头上有圆光宝盖等的祥瑞现象，因此而顿悟前缘。他笑着对嵩头陀说："炉鞴之所多钝铁，良医之门多病人。救度众生，才是急事，何必只想天堂佛国之乐呢！"

新语云：傅大士因受嵩头陀之教，临水照影而顿悟前缘，这与"释迦拈花，迦叶微笑"，同是"不立文字，教外别传"的宗门作略。但傅大士悟到前缘之后，便发大乘愿行，不走避世出家的高蹈路线，所以他说出"炉鞴之所多钝铁，良医之门多病人。度生为急，何思彼乐乎"的话。这话真如狮子吼，是参禅学佛的精要所在，不可等闲视之。以后傅大士的作为，都依此愿而行，大家须于此处特别着眼。

被诬入狱

他悟到前缘之后，便问嵩头陀哪个地方可以修道？嵩头陀指示松山山顶说："此可栖矣。"这便是后来的双林寺。山顶有黄云盘旋不散，因此便叫它为黄云山。从此，大士就偕同他的妻子"躬耕而居之"。有一天，有人来偷他种的菽麦瓜果,他便给他装满了篮子和笼子,叫他拿回去。他和妻子,白天耕作,夜里修行佛事。有时,也和妻子替人帮佣,昼出夜归。这样修炼苦行过了七年。有一天,他在定中,看见释迦、金粟、定光三位先佛放光照到他的身上,他便明白自己已得首楞严的定境了。于是,他自号为"双林树下当来解脱善慧大士",经常讲演佛法。从此"四众(僧尼男女)常集",听他讲论佛法。因此,郡守王杰认为他有妖言惑众的嫌疑,就把他拘囚起来。他在狱中经过了几十天,不饮也不食,使人愈加钦仰,王杰只好放了他。还山以后,愈加精进,远近的人,都来师事大士。从此,他经常开建供养布施的法会。

新语云:历来从事教化的圣贤事业,都会遭逢无妄之灾的苦难,这几乎成为天经地义的事。俗语说:"道高一尺,魔高一丈。"并非完全虚语。就以南北朝时代禅宗初期的祖师们来说,志公与傅大士,都遭遇到入狱的灾难。至于达摩大师,却遭人毒药的谋害。二祖神光,结果是受刑被戮。如果是不明因果、因缘的至理,不识偿业了债的至诚,谁能堪此。所以《宝王三昧论》说:"修行不求无魔,行无魔则誓愿不坚。"世出世间,同此一例。以此视苏格拉底、耶稣等的遭遇,也是"事有必至,理有固然"。又何悲哉!

舍己为人

傅大士为了化导大众,便先来劝化他的妻子,发起道心,施舍了田地产业,设大法会来供养诸佛与大众。他作偈说:"舍抱现天心,倾资为善会。愿度群生尽,俱翔三界外。归投无上士,仰恩普令盖。"刚好,那一年又碰到了大荒年,大家都普遍在饥饿中。他从设立大会之后,家中已无隔宿之粮,当他的同里人傅昉、傅子良等入山来作供养时,他便劝导妻子,发愿卖身救助会费。他的妻子刘妙光听了以后,并不反对,就说:"但愿一切众生,因此同得解脱。"大通二年(公元五二八年)三月,同里傅重昌、傅僧举的母亲,就出钱五万,买了他的妻子。大士拿到了钱,就开大会,办供养(赈济),他发愿说:"弟子善慧,稽首释迦世尊,十方三世诸佛,尽虚空,遍法界,常住三宝。今舍妻子,普为三界苦趣众生,消灾集福,灭除罪垢,同证菩提。"过了一个月后,那位同里的傅母,又把他的妻子妙光送回山中来了。

从此以后,傅大士的同里中人,受到他的感化,也有人学他的行径,质卖妻子来作布施,也有人捐供全部财产来作布施,大士都为他们转赠与别人或修道的人。他的灵异事迹,由此而日渐增加,然"谤随名高",毁蔑他的谣言也愈来愈多。但大士不以为忤,反而倍增怜悯众生的悲心。

当时，有一位出家的和尚，法名慧集，前来山中求法，大士便为他讲解无上菩提的大道，慧集自愿列为弟子，经常出外宣扬教化，证明大士便是弥勒菩萨的化身。大士每次讲说佛法，或做布施功德的时候，往往凝定神光在两眼之间，诸佛加庇，互相感通，所以他的眼中常现金色光明之相。他对大众说："学道若不值无生师，终不得道。我是现前得无生人，昔隐此事，今不复藏，以示汝等。"云云。

新语云：梁武帝身为帝王之尊，为了学佛求福，曾经舍身佛寺为奴，留为千古笑谈。傅大士身为平民，为了赈灾，为了供养众生，舍卖了妻子，他是为众生消灾集福，灭除罪垢，同证菩提，而并不是为了自己。这与梁武帝的作为相同，而动机大有不同。佛经上说：大乘菩萨的行道，为了众生，可以施舍资财、眷属、妻子，乃至自己的头目脑髓。呜呼！禅之与佛，岂可随便易学哉！孔子曰："博施济众，尧舜犹病诸！"戛戛难矣哉！

其次，我们由于傅大士的卖妻子，集资财，作布施的故事，便可了解世间法和出世间法事难两全的道理。世间法以富贵功名为极致，所以《洪范》五福，富居其一。出世法以成道的智慧为成就，所以佛学以般若（智慧）解脱为依归。但作法施（慧学的施舍）者，又非资财而不办，自古至今，从事宗教与学术思想者，莫不因此困厄而寂寞终身，否则，必依赖于权势和财力，方能施行其道。傅大士为了要弘法利生，先自化及平民，终至影响朝野，须知大士当时的经过，在彼时期，其发心行愿，尤有甚于舍卖妻子的艰苦，岂独只以先前的躬耕修道方为苦行？其实，修菩萨行者，终其一生的作为，无一而不在苦行中。佛说以苦为师，苦行也就是功德之本。其然乎？其不然乎？

名动朝野

此后，大士认为行化一方，法不广被，必须感动人主，才能普及，他就命其弟子傅暀奉书梁武帝，条陈上中下善，希望梁武帝能够接受："其上善，以虚怀为本，不着为宗，无相为因，涅槃为果。其中善，以治身为本，治国为宗，天上人间，果报安乐。其下善，以护养众生，胜残去杀，普令百姓，俱禀六斋。"傅暀抵达金陵，通过大乐令何昌和同泰寺的浩法师，才得送达此书。梁武帝虽欣然接见，但为了好奇，也要试他的灵异，便叫人预先锁住所有的宫门。大士早已预备了大木槌，叩门直入善言殿。梁武帝不要他叩拜，他便直接坐上西域进贡的宝榻。梁武帝问他："师事从谁？"大士答："从无所从，师无所师，事无所事。"后来，大士经常往来于帝都及山间。有一次梁武帝自讲《般若经》，"公卿连席，貂绂满座。特为大士别设一榻，四人侍接。"刘中丞问大士："何以不臣天子，不友诸侯？"大士答："敬中无敬性，不敬无不敬心。"梁武帝讲毕，所有王公都请大众诵经，唯有大士默然不语。人问其故，大士便说："语默皆佛事。"昭明太子问："何不论议？"大士答："当知所说非长、非短、非广、非狭、非有边、非无边，如如正理，夫复何言。"

有一次，梁武帝请大士讲《金刚经》，才升座，以尺挥案一下，便下座。武帝愕然。志公曰：陛下会么？帝曰：不会。志公曰：大士讲经竟。有一日，大士朝见，披衲衣（僧衣）、顶冠（道冠）、靸履（儒履）。帝问：是僧耶？大士以手指冠。帝曰：是道耶？大士以手指靸履。帝曰：是俗耶？大士以手指衲衣。

新语云：傅大士和志公，都是同时代的人物，但志公比傅大士年长，而且声望之隆，也在傅大士之先。达摩大师到中国的时期，也正在志公与傅大士之间。达摩大师虽然传授了禅宗的衣钵给二祖神光，但当时他们之间的授受作略（教授方法与作风），仍然非常平实，的确是走定慧等持，"直指人心，见性成佛"的如来禅的路线。唯有志公、傅大士等的中国禅，可称为中国大乘禅的作略，才有透脱佛教的形式，滤过佛学的名相，潇洒诙谐，信手拈来，都成妙谛，开启唐、宋以后中国禅的禅趣——"机锋"、"转语"。尤其以傅大士的作略，影响更大。因为自东汉末期，佛教传入中国以后，儒道两家的固有思想，始终与佛学思想，保持有相当距离的抗拒。在东汉末期，牟融著作《理惑论》，融会儒佛道三家为一贯。可是历魏、晋、南北朝以后，虽然佛学已经普遍地深入人心，但这种情形，依然存在。傅大士不现出家相，特立独行维摩大士的路线，弘扬释迦如来的教化。而且"现身说法"，以道冠僧服儒屦的表相，表示中国禅的法相，是以"儒行为基，道学为首，佛法为中心"的真正精神。他的这一举动，配上他一生的行径，等于是以身设教，亲自写出一篇"三教合一"的绝妙好文。大家于此应须特别着眼。今时一般学人，研究中国禅宗思想和中国禅宗史者，学问见解，智不及此；对于禅宗的修证，又未下过切实工夫，但随口阿附，认为中国的禅学，是受老庄思想的影响，岂但是隔靴搔痒，简直是"两个黄鹂鸣翠柳，一行白鹭上青天"，不知所云地愈飞愈远了。

帝廷论义

大同五年（公元五三九年）春，傅大士再度到金陵帝都，与梁武帝论佛学的真谛。大士曰："帝岂有心而欲辩？大士岂有义而欲论耶？"帝答曰："有心与无心，俱入于实相，实相离言说，无辩亦无论。"有一天，梁武帝问："何为真谛？"大士答："息而不灭。"实在是寓讽谏于佛法的主意，以诱导梁武帝的悟道，可惜梁武帝仍然不明究竟。梁武帝问："若息而不灭，此则有色故钝。如此则未免流俗。"答曰："临财毋苟得，临难毋苟免。"帝曰："居士大识礼。"大士曰："一切诸法，不有不无。"帝曰："谨受旨矣。"大士曰："一切色相，莫不归空，百川不过于大海，万法不出于真如。如来于三界九十六道中，独超其最，普视众生，有若自身，有若赤子。天下非道不安，非理不乐。"帝默然。大士退而作偈，反复说明"息而不灭"的道理。原偈如下：

"若息而灭。见若断集。如趣涅槃。则有我所。亦无平等。不会大悲。既无大悲。犹有放逸。修学无住。不趣涅槃。若趣涅槃。障于悉达。为有相人。令趣涅槃。息而不灭。但息攀缘。不息本无。本无不生。今则不灭。不趣涅槃。不著世间。名大慈悲。乃无我所。亦无彼我。遍一切色。而无色性。名不放逸。何不放逸。一切众生。有若赤子。有若自身。常欲利安。云何能安。无过去有。无现在有。无未来有。三世清净。饶益一切。共同解脱。又观一乘。入一切乘。观一切乘。还入一乘。又观修行。无量道品。普济群生。而不取我。不缚不脱。尽于未来。乃名精进。"

新语云：这与僧肇作《涅槃无名论》进秦王（姚兴），是同一主旨与精义，但各有不同的表达。

撒手还源

大士屡次施舍财物，建立法会。及门弟子也愈来愈多，而流行于南北朝时代佛法中的舍身火化以奉施佛恩的事情，在傅大士的门下，也屡见不鲜。到了大同十年（公元五四四年），大士以佛像及手书经文，悉数委托大众，又以屋宇田地资生什物等，完全捐舍，营建精舍，设大法会，自己至于无立锥之地，又与他的夫人刘妙光各自创建草庵以居。他的夫人也"草衣木食，昼夜勤苦，仅得少足"。"俄有劫贼群至，以刀驱胁，大士初无惧色，徐谓之曰：若要财物，任意取去，何为怒耶？贼去，家空，宴如也。"

先时，弟子问曰："若复有人深障，大士还先知否？"大士答曰："补处菩萨，有所不知耶？我当坐道场时，此人是魔使，为我作障碍，我当用此为法门。汝等但看我遭恼乱，不生嗔恚。汝等云何小小被障而便欲分天隔地殊。我亦平等度之，无有差也。"弟子又问："师既如是，何故无六通？"大士答曰："声闻、辟支，尚有六通，汝视我行业缘起若此，岂无六通，今我但示同凡耳。"

太清三年（公元五四九年），"梁运将终，灾祸竞兴。大士乡邑逢灾。所有资财，散与饥贫。课励徒侣，共拾野菜煮粥，人人割食，以济间里。"

天嘉二年（公元五六一年），他在定中感应到过去的七佛和他同在，释迦在前，维摩在后。唯有释迦屡次回头对他说："你要递补我的位置。"

陈太建元年（公元五六九年），大士示疾，入于寂灭。世寿七十三岁。当时，嵩头陀已先大士入灭，大士心自知之，乃集诸弟子曰："嵩公已还兜率天宫待我。我同度众生之人，去已尽矣！我决不久住于世。"乃作《还源诗》十二章。

傅大士《还源诗》：

"还源去，生死涅槃齐。由心不平等，法性有高低。

还源去，说易运心难。般若无形相，教作若为观。

还源去，欲求般若易。但息是非心，自然成大智。

还源去，触处可幽栖。涅槃生死是，烦恼即菩提。

还源去，依见莫随情。法性无增减，妄说有亏盈。

还源去，何须更远寻。欲求真解脱，端正自观心。

还源去，心性不思议。志小无为大，芥子纳须弥。

还源去，解脱无边际。和光与物同，如空不染世。

还源去，何须次第求。法性无前后，一念一时修。

还源去，心性不沉浮。安住王三昧，万行悉圆修。

还源去，生死本纷纶。横计虚为实，六情常自昏。

还源去，般若酒澄清。能治烦恼病，自饮劝众生。"

新语云：傅大士生于齐、梁之际，悟道以后，精进修持，及其壮盛之年，方显知于梁武帝，备受敬重。而终梁、陈之间，数十年中，始终在世变频仍、生灵涂炭、民生不安中度过他的一生。但他不但在东南半壁江山中，弘扬正法而建立教化，而且极尽所能，施行大乘菩萨道的愿力，救灾济贫，不遗余力。当时江左的偏安局面，有他一人的德行，作为平民大众安度乱离的屏障，其功实有多者。至于见地超人，修行真实，虽游心于佛学经论之内，而又超然于教外别传之旨，如非再来人，岂能如此。中国禅自齐、梁之间，有了志公和傅大士的影响，因此而开启唐、宋以后中国禅宗的知见。如傅大士者，实亦旷代一人。齐、梁之间禅宗的兴起，受其影响最大，而形成唐、宋禅宗的作略，除了以达摩禅为主体之外，便是志公的大乘禅，傅大士的维摩禅。也可以说，中国禅宗原始的宗风，实由于达摩、志公、傅大士"三大士"的总汇而成。僧肇与竺道生的佛学义理思想，但为中国佛学思想超颖的造诣，与习禅的关系不大，学者不可不察也。后世修习禅宗者，如欲以居士身而作世出世间的千秋事业，应对于傅大士的维摩禅神而明之，留心效法，或可有望。如以有所得心，求无为之道，我实不知其可也。

附：有关傅大士的传记资料

太建元年，岁次己丑，夏四月丙申，朔，大士寝疾，告其子普建、普成二法师曰：我从第四天来，为度众生。故汝等慎护三业，精勤六度，行忏悔法免堕三涂。二师因问曰：脱不住世，众或离散，佛殿不成，若何？大士曰：我去世后，可现相至二十四日。乙卯，大士入涅槃，时年七十三，肉色不变，至三日，举身还暖，形相端洁，转手柔软。更七日，乌伤县令陈钟耆来求香火结缘，因取香火及四众次第传之，次及大士，大士犹反手受香。沙门法璿等曰：我等有幸，预蒙菩萨示还源相，手自传香，表存非异，使后世知圣化余芳。初，大士之未亡也，语弟子曰：我灭度后，莫移我卧床，后七日，当有法猛上人将织成弥勒佛像来，长镇我床上，用标形相也。及至七日，果有法猛上人，将织成弥勒佛像，并一小铜钟子，安大士床上。猛时作礼流泪，须臾，忽然不见……太建四年（公元五七三年）九月十九日，弟子沙门法璿、菩提智瓒等，为双林寺启陈宣帝，请立大士，并慧集法师、慧和阇梨等碑。于是，诏侍中尚书左仆射领大著作建昌县开国侯东海徐陵为大士碑。尚书左仆射领国子祭酒豫州大中正汝南周弘正为慧和阇梨碑（以上资料，皆取自唐进士楼颖撰述。徐陵碑文，取材略同，并无多大出入，均为可信）。

还珠留书记

　　浙江东道都团练观察处置等使、正议大夫、使持节都督越州诸军事、守越州刺史、兼御史大夫上柱国赐紫金鱼袋元稹述：梁陈以上，号婺州义乌县为东阳乌伤县。县民傅翕，字玄风，娶刘妙光为妻，生二子。年二十四，犹为渔。因异僧嵩谓曰：尔弥勒化身，何为渔？遂令自鉴于水，乃见圆光异状；夫西人所谓为佛者，始自异。一旦，入松山，坐两大树下，自号为双林树下当来解脱善慧大士。久之，卖妻子以充僧施，远近多归之。梁大通中，移书武帝，召至都下；闻其多诡异，因敕诸城吏，翕至辄扃闭其门户。翕先是持大椎以往，人不之测，至是挝一门，而诸门尽启。帝异之。他日坐法榻上，帝至不起。翕不知书，而言语辩论，皆可奇。帝尝赐大珠，能出水火于日月。陈太建初，卒于双林寺，寺在翕所坐两大树之山下，故名焉。凡翕有神异变现，若佛书之所云，不可思议者，前进士楼颖为之实录凡七卷。而侍中徐陵亦为文于碑。翕卒后，弟子菩提等，多请王公大臣为护法檀越。陈后主为王时，亦尝益其请。而司空侯安都，以至有唐卢熙，凡一百七十五人，皆手字名姓，殷勤愿言。宝历中，余莅越。婺，余所刺郡，因出教义乌，索其事实。双林僧挈梁陈以来书诏，泊碑录十三轴，与水火珠，扣门椎，织成佛，大水突，偕至焉。余因返其珠椎佛突，取其萧陈二主书，洎侯安都等名氏，治背装剪，异日将广之于好古者，亦所以大禽遗事于天下也，与夫委弃残烂于空山，益不侔矣，固无让于义取焉。而又偿以束帛，且为书其事于寺石以相当之，取其复还之最重者为名，故曰还珠留书记。三年十月二十日（开成二年十二月，内供奉大德慧元、清涔，令弘深禅师及永庆送归）。

禅宗三祖其人其事

　　有关中国禅宗史料的专书,和历代禅师的语录,乃至禅宗公案的史书等,记述达摩大师"教外别传"一系的传承中,谈到二祖神光传授道统衣钵给三祖僧璨大师的事,又是一段扑朔迷离的疑案。据唐代高僧道宣律师所撰的《续高僧传》,和禅宗史书的《景德传灯录》、《五灯会元》等相互对照,关于禅宗三祖僧璨的传述,疑窦甚多。在宣师所著的《续高僧传》中,就根本没有提到僧璨其人其事。虽然《景德传灯录》、《五灯会元》等书,一再记载他和二祖神光之间的悟道因缘和付法授受的经过,但毕竟语焉不详,犹如司马迁作《伯夷列传》所谓:"其文辞不少概见,何哉?"后来到了唐代天宝年间,因河南尹李常问菏泽(神会)大师关于三祖归宿的事,才由荷泽说出:"璨大师自罗浮(广东)归山谷,得月余方示灭,今舒州见有三祖墓。"云云。这种述说,又如司马迁在《伯夷列传》中所称:"太史公云:'余登箕山,其上盖有许由冢云。'"同样都是"于史无据,于事有之"的旁证。至于历来传述三祖的《信心铭》一篇,则又如司马迁在《伯夷列传》中所引用《采薇》之歌一样,都是对某一人某一事唯一值得征信的史料,可资存疑者的参考而已。

从禅宗四祖的传记中追寻三祖的踪迹

现在根据《传灯录》与《续高僧传》的记载，提出有关三祖僧璨与四祖道信之间的授受事迹，再作研究的参考。如云："僧璨大师者，不知何许人也。初以白衣（未出家）谒二祖。既受度传法，隐于舒州之皖公山。属后周武帝破灭佛法，师往来太湖县司空山，居无常处，积十余载，时人无能知者。至隋开皇十二年壬子岁（公元五九二年），有沙弥道信，年始十四，来礼师曰：愿和尚慈悲，乞与解脱法门。师曰：谁缚汝？曰：无人缚。师曰：何更求解脱？信于言下大悟。服勤九载，后于吉州受戒，侍奉尤谨。师屡试以玄微，知其缘熟，乃付衣法偈曰：华种虽因地，从地种华生。若无人下种，华地尽无生。师又曰：昔可大师付吾法后，往邺都行化三十年方终，今吾得汝，何滞此乎？即适罗浮山，优游三载，却旋旧址，逾月，士民奔趋，大设檀供，师为四众广宣心要讫，于法会大树下合掌立终。即隋炀帝大业二年（公元六○六年）丙寅十月十五日也。"

《续高僧传》云：

"释道信，姓司马，未详何（此处应有一许字，但原文脱略）人。初七岁时，经事一师，戒行不纯。信每陈谏，以不见从，密怀斋检，经五载而师不知。又有二僧，莫知何来，入舒州皖公山静修禅业，闻而往赴，便蒙受业。随逐依学，遂经十年。师往罗浮，不许相逐。但于后住，必大宏益。国访贤良，许度出家，因此附名住吉州寺。"

根据以上所录《五灯会元》，以及《续高僧传》记载，禅宗四祖道信大师与三祖僧璨大师之间的史料，可见僧璨大师确有其人其事。问题只在当时的僧璨大师，常以避世高蹈，隐姓埋名的姿态出现，犹如神龙见首而不见其尾，留给后人以无法捉摸的一段史料，而留下太多的疑窦。如果另从禅宗记载文辞的资料研究，并探索北齐和梁、陈、隋间南北朝历史时代的环境，便可了解当时禅宗大师和佛教徒们的处境，以及他们所处时代背景的紊乱。而三祖僧璨大师的其人其事，也便可隐隐约约地呼之欲出了。

向居士与僧璨的形影

首先从禅宗资料中，记载二祖神光得法有关的人物来研究，除了禅宗传统观念所称的三祖僧璨以外，其他从二祖神光得的法，共计有十七人。在此十七人中，又有旁出支派相传五、六世者。至于直接从神光大师得法的，尤以僧那、向居士、慧满三人为其上首。而僧那、慧满两位都是早已出家的人，资料确实，不必讨论。唯向居士一人的悟道机缘与所保留的文辞记载，与僧璨大师的事迹、文辞，极其相似，因此我常认为向居士便是悟道出家以前的僧璨，僧璨大师便是悟道出家以后的向居士。

很可能是向居士初慕二祖之名，仅仅写了一封信向二祖问道，而此信的内容重点是从他对形与影、声与响、迷与悟、名与理、得与失等见解，进而讨论涅槃与烦恼的真谛。它与禅宗史料所记载僧璨大师初见三祖时，请问如何忏罪以去缠身风病的话，脉络相关。同时，他的辞章文气，正与后来三祖僧璨所著的《信心铭》完全一样。并且在向居士的记载中，称他本来就习惯于"幽栖林野，木食涧饮"，和僧璨大师悟道得法以后，又隐居于舒州皖公山，隐姓埋名的作风完全相同。而且向居士与二祖神光通书问道的时间，在北齐天保之初，三祖僧璨见二祖神光的时间，也正在北齐天保二年，时间又如此巧合！向居士因为和二祖通了一次信，得到了二祖的回信，便来亲见二祖，这都是合情合理的事。《续高僧传》所述二祖神光传记的内容，也与《传灯录》等所记的资料相同，足可参考以资研究。从这些迹象上看来，认为僧璨大师与向居士本来就是一人，极为可能，只因禅宗的史料经过历史时代的变乱，和佛教的隆替而散失，便误作两人，也未可知。

关于向居士与神光大师的短简名书

《传灯录》所载向居士的史料云：

"向居士，幽栖林野，木食涧饮。北齐天保初，闻二祖盛化，乃致书通好。书曰：影由形起，响逐声来。弄影劳形，不识形为影本。扬声止响，不知声是响根。除烦恼而趣涅槃，喻去形而觅影。离众生而求佛果，喻默声而寻响。故知迷悟一途，愚智非别。无名作名，因其名则是非生矣。无理作理，因其理则争论起矣。幻化非真，谁是谁非。虚妄无实，何空何有。将知得无所得，失无所失。未及造谒，聊申此意。伏望答之。"

二祖神光回示云：

"备观来意皆如实，真幽之理竟不殊。本迷摩尼谓瓦砾，豁然自觉是真珠。无明智慧等无异，当知万法即皆如。悯此二见之徒辈，申辞措笔作斯书。观身与佛不差别，何须更觅彼无余。"

附记云：居士捧披祖偈，乃伸礼觐，密承印记。

僧璨大师的时代和历史

根据禅宗史书和《续高僧传》记载，僧璨大师初见二祖的事略，都以北齐天保年间为准，其时正当"梁简文帝（武帝第三子）在位二年，为侯景所弑。值大宝二年，魏大统十七年，北齐天保二年之间"。后四年，即梁孝元帝（武帝第七子，文帝被弑，即位于江陵，在位三年，西魏兵入被弑）承圣三年，魏恭帝廓元年，北齐天保五年，梁元帝被西魏兵入所弑之后，梁亡。继起而称王称帝者，又计有梁敬帝方智（绍泰元年）、魏（恭帝二年）、北齐（天保六年）、后梁中宗宣帝萧詧（天定元年），凡分为四国，天下纷纷，极尽紊乱。

当西魏兵入樊城时，梁主萧绎还在津津有味地讲《老子》于龙光殿，"百官戎服以听"。魏军进据汉口，梁主巡城，犹口占为诗，群臣亦有和者。同时他又好整以暇地裂帛为书，趣（促）王僧辩曰："吾忍死待公，可以至矣。"到了天明，闻城陷，梁主乃焚古今图书十四万卷，以宝剑击柱折之，叹曰："文武之道，今夜尽矣。"命御史中丞王孝嗣作降文。梁主遂白马素衣出门而降，或问梁主何意焚书？梁主曰："读书万卷，犹有今日，故焚之。"终被杀。

齐发民兵一百八十万筑长城，东自幽州夏口（河北），西至恒州（山西）九百余里（齐天保六年间事）。

又："齐主以佛道二教不同，欲去其一，集二家学者，论难于前。遂敕道士皆剃发为沙门（僧）。有不从者，杀四人，乃奉命（齐天保六年间事）。明年（天保七年）发丁匠三十余万，修广三台宫殿。"

从此以后，到了陈太建六年，齐武平五年，周建德三年（亦即公元五七四年），北周武宗遂废禁佛道二教，经像悉毁，沙门（僧）道士并还俗，诸淫祠，非祀典所载者，尽除之，"立通道观，以一圣贤（儒）之教"。

根据以上所录南北朝有关本案的简略史料，便可了解三祖僧璨所处时代背景的紊乱，干戈扰攘，民不聊生。到了北周武宗废灭佛道二教，禁止出家为僧阶段，他已过了中年，但以负荷禅宗衣钵传统之身，任重而道远，必须明哲保身而隐姓埋名，以待来者。等到他传付道统衣钵给四祖道信以后，也正当隋朝的初期，天下渐见平定，他才放下重担，过着优游卒岁的暮年晚景了。

《信心铭》的价值

关于禅宗三祖僧璨大师其人其事的史传疑案，已概如上述。达摩禅自梁武帝时期开始，在中国初期秘密传授，到了陈、隋之际，正当僧璨大师时期，已有一百二十多年的历史。但自僧璨著作了一篇《信心铭》以后，它与中国禅祖师志公大士所作的《大乘赞》等词章，以及中国维摩禅祖师傅翕大士所作的《心王铭》等汇流，才开始奠定隋、唐以后中国禅宗"直指人心，见性成佛"的正信资料。特别是《信心铭》的开场，便首先肯定地提出"至道无难，唯嫌拣择"的警语，明指世人不能自肯自信其"心"的疑病。至于其中引用辨别佛学理念之处，不一而足。最后他又归结为"信心不二，不二信心。言语道断，非去来今"为结论。禅宗自此开始，才完全呈现出中国文化的光芒与精神，学者不可不察也。

附录《信心铭》与《心王铭》以资参考。

信心铭（僧璨作）

至道无难，唯嫌拣择。但莫憎爱，洞然明白。
毫厘有差，天地悬隔。欲得现前，莫存顺逆，
违顺相争，是为心病。不识玄旨，徒劳念静。
圆同太虚，无欠无余。良由取舍，所以不如。
莫逐有缘，勿住空忍。一种平怀，泯然自尽。
止动归止，止更弥动。唯滞两边，宁知一种。
一种不通，两处失功。遣有没有，从空背空。
多言多虑，转不相应。绝言绝虑，无处不通。
归根得旨，随照失宗。须臾返照，胜却前空。
前空转变，皆由妄见。不用求真，唯须息见。
二见不住，慎莫追寻。才有是非，纷然失心。
二由一有，一亦莫守。一心不生，万法无咎。
无咎无法，不生不心。能随境灭，境逐能沉。
境由能境，能由境能。欲知两段，元是一空。
一空同两，齐含万象。不见精粗，宁有偏党。
大道体宽，无易无难。小见狐疑，转急转迟。
执之失度，必入邪路。放之自然，体无去住。
任性合道，逍遥绝恼。系念乖真，昏沉不好。
不好劳神，何用疏亲。欲取一乘，勿恶六尘。
六尘不恶，还同正觉。智者无为，愚人自缚。
法无异法，妄自爱著。将心用心，岂非大错。
迷生寂乱，悟无好恶。一切二边，良由斟酌。

梦幻虚华，何劳把捉。得失是非，一时放却。
眼若不寐，诸梦自除。心若不异，万法一如。
一如体玄，兀尔忘缘。万法齐观，复归自然。
泯其所以，不可方比。止动无动，动止无止。
两既不成，一何有尔。究竟穷极，不存轨则。
契心平等，所作俱息。狐疑尽净，正信调直。
一切不留，无可记忆。虚明自照，不劳心力。
非思量处，识情难测。真如法界，无他无自。
要急相应，唯言不二。不二皆同，无不包容。
十方智者，皆入此宗。宗非促延，一念万年。
无在不在，十方目前。极小同大，忘绝境界。
极大同小，不见边表。有即是无，无即是有。
若不如此，必不须守。一即一切，一切即一。
但能如是，何虑不毕。信心不二，不二信心。
言语道断，非去来今。

心王铭（傅翕作）

观心空王，玄妙难测。无形无相，有大神力。
能灭千灾，成就万德。体性虚空，能施法则。
观之无形，呼之有声。为大法将，心戒传经。
水中盐味，色里胶清。决定是有，不见其形。
心王亦尔，身内居停。面门出入，应物随情。
自在无碍，所作皆成。了本识心，识心见佛。

是心是佛，是佛是心。念念佛心，佛心念佛。
欲得早成，戒心自律。净律净心，心即是佛。
除此心王，更无别佛。欲求成佛，莫染一物。
心性虽空，贪嗔体实。入此法门，端坐成佛。
到彼岸已，得波罗蜜。慕道真士，自观自心。
知佛在内，不向外寻。即心即佛，即佛即心。
心明识佛，晓了识心。离心非佛，离佛非心。
非佛莫测，无所堪任。执空滞寂，于此漂沉。
诸佛菩萨，非此安心。明心大士，悟此玄音。
身心性妙，用无更改。是故智者，放心自在。
莫言心王，空言体性。能使色身，作邪作正。
非有非无，隐显不定。心性离空，能凡能圣。
是故相劝，好自防慎。刹那造作，还复漂沉。
清净心智，如世万金。般若法藏，并在身心。
无为法宝，非浅非深。诸佛菩萨，了此本心。
有缘遇者，非去来今。

达摩禅与二、三祖的疑案

禅宗起源于印度，发扬在中国。因此，常称中国是禅宗的宗祖国。但要讲到禅宗初期的发展史，疑案重重，真使人有迷离惝恍的感觉。属于禅宗创建史的疑案，便是释迦在灵山会上拈花示众，大家不得要领，只有他的大弟子摩诃迦叶尊者破颜微笑，因此而有"教外别传"的心法开始之第一疑案，向来便为宗门以外的学者所怀疑。其次，关于达摩大师东来的生卒年代，以及他的存殁去留等问题，也是一般学者所诤辩的疑案。再其次，便是二祖传法于三祖之间的公案，其中缺乏史料的证据。到了初唐之际，便有六祖慧能与神秀禅师南北两宗的争执问题，以及现代一般学者对于《六祖坛经》与神会（菏泽）之间的节外生枝的疑案等等，足够一般学者去游心妄想，搜罗考证。

其实，禅宗的本身，它与密宗有同源异脉的关系。如果禅宗的教授法，不走公开传法的路线，几乎也会成为另一密宗的派系。倘使我们对密宗的传承史料，也想一一加以一般学术性的考据，那就保证你穷尽毕生精力，也难找出它的确实结果。这个根本问题，倒不是他们不肯注重史料的关系，实在是他们的修养和见解，只重传道精神的信仰，早已薄视世俗的留芳与扬名的观念，因此而忽略这些史料的记载。禅宗在隋、唐以后，已经融入中国文化深厚的气息，对于历史和传统的观念，也和其他佛学的各宗派一样，注重"史迹"的记载，所以才形成唐、宋以后中国禅宗的风格。初唐以后中国的密宗（包括西藏的密宗），也才开始注重师授传承的历史资料。不过，密宗传承的资料，始终还是保持秘密的作风不公开。

二祖慧可与三祖僧璨

禅宗自达摩大师到三祖僧璨之间，正值南北朝的齐、梁变乱，以及北周武宗的灭佛灭僧的风暴中。他们不但先有避世高蹈的志向蕴存心中，同时又加上南北朝时代世风的紊乱，士风的颓丧，于是更加强他们"邦无道，危行言逊"的情操，因此"入山唯恐不深"，"逃名唯恐不彻"。虽然如此，如果从学术发展史的立场而言，在禅宗有关的史料中，对于二祖三祖之间传承事迹的记载，实在有很多矛盾与疏忽之处，确也耐人寻味。

自达摩大师将心法与衣钵传授二祖神光（慧可）以后，神光的事迹以及二祖传授三祖僧璨之间的史实，根据禅宗初期的史书《景德传灯录》与《五灯会元》等的记载，与唐代高僧道宣所著《续高僧传》的资料，其中出入之处，就大有问题。

《传灯录》记载二祖神光（慧可）的事迹云：

"大师继阐玄风，博求法嗣。至北齐天保二年（梁简文帝大宝二年，公元五五一年），有一居士，年逾四十，不言名氏，聿来设礼而问师曰：弟子身缠风恙，请和尚忏罪。师曰：将罪来与汝忏。居士良久云：觅罪不可得。师曰：我与汝忏罪竟。宜依佛法僧住。曰：今见和尚，已知是僧，未审何名佛法？师曰：是心是佛，是心是法。法佛无二，僧宝亦然。曰：今日始知罪性不在内，不在外，不在中间，如其心然，佛法无二也。大师深器之，即为剃发，云：是吾宝也，宜名僧璨。其年三月十八日于光福寺受具。自兹疾渐愈，执侍经二载，大师乃告曰：菩提达摩，远自竺乾以正法眼藏密付于吾，吾今授汝并达摩信衣，汝当守护，无令断绝。听吾偈曰：'本来缘有地，因地种华生。本来无有种，华亦不曾生。'大师付衣法已，又曰：汝受吾教，宜处深山，未可行化，当有国难。璨曰：师既预知，愿垂示诲。师曰：非吾知也，斯乃达摩传般若多罗悬记云'心中虽吉外头凶'是也。吾校年代，正在于兹，当谛思前言，勿罹世难。然吾亦有宿累，今要酬之，善去善行，俟时传付。"

新语云：我们读了上述的公案以后，便知三祖僧璨初向二祖神光求法的时候，也正同二祖向达摩大师求乞"安心"法门的故事一样，好像是同一模子的翻版。只是神光所求的目的，在于如何的"安心"，僧璨所求的目的，却是如何的忏罪，才能去掉缠身的风恙。一个是求"安心"，一个是求"安身"。但是当神光向达摩大师求乞"安心"的法门时，达摩却对他说："将心来为汝安。"神光答说："觅心了不可得。"达摩便说："我与汝安心竟。"现在到了僧璨向神光求乞安身的法门时，神光也说："将罪来与汝忏。"僧璨答说："觅罪不可得。"神光便说："我与汝忏罪竟，宜依佛法僧住。"岂非是依样画葫芦，简直像是纯出臆造似的。其实，此中大有文章，不可轻易放过。第一，心身是二是一？这是第一个问题。第二，"身缠风恙"，是身之病，根据佛学道理，病由业生，业由心造。再进一步来说，此身也由业识而来，而业识则由一心所造，如果真能转心去业，则亦当可回心转身了。这是第二个问题。关于以上所提出的两个问题，不想为大家画蛇添足地下注解，暂时留待诸位自己去寻答案，较为切实。

二祖晚年的混俗问题

现在我们再回转来研究禅宗的二祖神光（慧可），在悟道传法以后，他又如何地自去忏罪消业呢？

《传灯录》记载云：

"大师付嘱已，即于邺都随宜说法，一音演畅，四众归依,如是积三十四载。遂韬光混迹,变易仪相,或入诸酒肆,或过于屠门,或习街谈,或随厮役。人问之曰:师是道人,何故如是?师曰:我自调心,何关汝事。又于筦城县匡救寺三门下谈无上道,听者林会。时有辩和法师者,于寺中讲《涅槃经》,学徒闻师阐法,稍稍引去。辩和不胜其愤,兴谤于邑宰翟仲侃,仲侃惑其邪说,加师以非法。师怡然委顺。识真者谓之偿债。时年一百七岁。即隋文帝开皇十三年癸丑岁三月十六日也。后葬于磁州滏阳县东北七十里,唐德宗谥大祖禅师。"

新语云:根据以上的记载,我们从世俗的观念来说,二祖神光,由四十岁左右得法开悟以后,又在邺都(河南临漳县西)弘扬禅道达三十四年,应该已经到了七十多岁的高龄。而且"四众归依",也可以说正是年高德劭了。何以在这样的年龄,这样的环境中,他又忽然"变易仪相"而还俗,有时候进酒店,有时候在屠门,还常到闹市街上,与一般下层社会的人去瞎混呢?难道他是动了凡心,真个要还俗了吗?可是有人问他:"师是道人,何故如此?"他又说:"我自调心,何关汝事?"那么,他在三十多年前,在达摩大师处所得的"安心"法门,仍然是靠不住了!经过了三十多年,此心仍不能安吗?不能安心,必须要到闹市、酒店、屠门,才能"安心"吗?由此,使人怀疑:

禅宗真的是"言下顿悟","一悟便休"吗？悟后就不要起修吗？而修又修个什么呢？凡此种种，都是一个个很大的问题，实在值得探寻，不可随便忽略过去。

其次，二祖由三十多岁舍俗出家开始，到了七十多岁又去混俗和光，一混便混到了筦城（筦即管，管城今之河南郑县）。混混便混混，为什么到了一百多岁的人，还童心未泯，又在匡救寺的三门外讲什么"无上道"，硬要挡了当时在寺中讲经的辩和法师的财路呢？这又所为何来？难道说真的活得不耐烦，非要自寻死路不可吗？结果由此得罪了讲经的法师，因而被害。而记载上却轻轻松松地说："怡然委顺，识真者谓之偿债。"那么，不识真而识假的，又叫他是什么呢？我想，一定都会叫他是"活该"，对吗？我们研究二祖的一生，由少年阶段的"志气不群，博涉诗书，尤精玄理"开始，一直看到他在青年阶段的出家，中年阶段的得法悟道，晚年阶段的还俗混混，老年阶段的受罪被害，真是一个充满个性的悲喜闹剧。他的一生，还的是什么债？玩的是什么把戏？处处充满了问题，处处值得参究。有人说："剑树刀山为宝座，龙潭虎穴作禅床。道人活计原如此，劫火烧来也不忙。"恐怕这种情形，还不是他的境界。对吗？

有关二祖传记的疑案

道宣法师所著的《续高僧传》，关于二祖事迹的记载，便与《传灯录》大有出入。道宣法师的《续高僧传》，太过重视文藻，完全如南北朝末期的文体，几乎有言不及义之嫌，有失史传的核实和精要之处，实是一大遗憾。不过宣师距离梁、隋之际不远，所传所闻的不同，也正有补二祖神光的资料之不足。

如其传中有云："时有道恒禅师，先有定学，匡宗邺下，徒侣千计。承可说法，情事无寄，谓是魔话。乃遣众中通明者，来殄可门。既至，闻法泰然心服，悲感盈怀，无心返告。恒又重唤，亦不闻命。相从多使，皆无返者。他日遇恒，恒曰：我用尔许功夫，开汝眼目，何因致此诸使。答曰：眼本自正，因师故邪耳！恒遂深恨，谤恼于可。货赇俗府，非理屠害。初无一恨，几其至死。恒众庆快，遂使了本者绝学浮华，谤黩者操刀自拟。始悟一音所演，欣布交怀。海迹蹄滢，浅深斯在。可乃俗容顺俗，时惠清猷，乍托吟谣，或因情事，澄伏恒抱，写剖烦芜。故正道远而难希，封滞近而易结，斯有由矣。遂流离邺卫，亟展寒温。道竟幽而且玄，故末绪率无荣嗣。"

又云："时有林法师，在邺盛讲《胜鬘》，并制文义。每讲人聚，乃选通三部经者，得七百人，预在其席。又周灭法，与可同学，共护经像。初，达摩禅师以四卷《楞伽》授可曰：我观汉地，唯有此经，仁者依行，自得度世。可专附玄理，如前所陈。遭贼斫臂，以法御心，不觉痛苦，火烧斫处，血断帛裹，乞食如故，曾不告人。后林又被贼斫其臂，叫号通夕，可为治裹，乞食供林。林怪可手不便，怒之。可曰：饼食在前，何不可裹。林曰：我无臂也，可不知耶？可曰：我亦无臂，复何可怒。因相委问，方知有功。世云无臂林矣。每可说法竟曰：此经四世之后，变成名相，一何可悲。"

新语云：根据道宣法师所著《续高僧传》的记载，二祖的遭怨获罪，除了辩和法师的诬告，致其死命以外，还有一位道恒法师，也同样地为了妒嫉而害过他。究竟道恒、辩和，是否同为一人，或另有一事，都很难考证了。总之，二祖在当时遭嫉而致死的际遇，尤有过于达摩大师的惨痛。千古学术意见之争，尤甚于干戈战伐之毒。人究竟是为了什么呢？

此外宣师所记二祖与林法师的一段，好像说：二祖后来在乱世的变局中，又遭贼斫过膀子。那么，他除了在求法时，斫了一条膀子以外，后来再斫一次，岂不成为"两膀都无"的大师了吗？如果真正如此，而犹仍为弘扬禅道，尽其一生而孜孜不倦，这与"杀身成仁"的精神相较，又别有千秋，令人顶礼膜拜不已了。但很可惜，宣师的记载，语焉不详，又是一大憾事。也许二祖在当时的变乱中，又被贼斫伤了他的另一条臂，并未再被斫断。因此道宣法师的传述中，便写成"火烧斫处，血断帛裹，乞食如故"。这些地方，实在是舞文弄墨的短处，华辞害意，徒唤奈何！

中国佛教原始的禅与禅宗四祖的风格

南北朝至隋唐间禅道的发展与影响

由达摩一系传承的禅宗,虽然密相付授而到三祖僧璨及四祖道信,经历梁、隋而到李唐开国之初,先后相承,大约已有一百五十余年之久。但是在此时期,除了达摩禅一系的单传衣钵之外,其初由汉末安世高、三国康僧会、西晋竺法护,与东晋佛图澄、姚秦时期鸠摩罗什等所传的禅定止观修法,普及当时三百年来的整个佛教界与朝野之间,极为流行。因修习禅定止观的实验方法而得证佛法果位的人,也远较达摩一系的为多。至于有关禅佛的最高见地和成就,其间的优劣得失,应当另属专题,今且略而不论。但无论宗教、学术思想,以及人类历史的演变,推其前因后果,必有互相更迭的演变作用。以此而例,初唐时代兴起的禅宗,从四祖以后的隆盛情况,穷源溯本,仍由于种因于前代风尚的趋势而来。现在为要讲述四祖以后禅宗的发展与演变,必须要追溯隋、唐以前禅道发展的情形,以资了解。

汉末有关习禅的初期发展史料

安息国沙门安清,字世高。本世子,当嗣位。让之叔父,舍国出家。既至洛阳,译经二十九部,一百七十六卷。绝笔于灵帝建宁三年(公元一七〇年)。月支国沙门支谶,亦于同时至洛阳,开始译经。由是百姓向化,事佛弥盛。至于与禅定有密切关系的"般舟三昧"的苦行修法,早在东汉灵帝熹平二年(一七三年)就译出了。

"癸丑,是年天竺沙门竺佛朔至洛阳,译《道行般若经》。弃文存质,深得经意。至光和中,同支谶译《般舟三昧经》共三卷。"

到东晋安帝义熙二年丙午(公元四〇六年),天竺尊者佛驮跋陀至长安传译有关禅定的修证方法。从此禅修的法门,更加通盛。佛驮跋陀初来中国的时候,鸠摩罗什备极欢迎。当时跋陀与罗什,曾经有过一段极风趣的交谈。如云:

"佛驮跋陀至长安,什公倒屣迎之,以相得迟暮为恨,议论多发药。跋陀曰:公所译未出人意,乃有高名何耶?什曰:吾以年运已往,为学者妄相粉饰,公雷同以为高乎?从容决未了之义,弥增诚敬。"(以上均见于《佛祖历代通载》)又如梁释慧皎著《高僧传》有关习禅者的论评说:

"禅也者,妙万物而为言。故能无法不缘,无境不察。

然后缘法察境,唯寂乃明。其犹渊池息浪,则彻见鱼石。心水既澄,则凝照无隐。《老子》云:'重为轻根,静为躁君。'故轻必以重为本,躁必以静为基。《大智度论》云:'譬如服药将身,权息家务。气力平健,则还修家业。如是以禅定力,服智慧药。得其力已,还化众生。'是以四等六通,由禅而起。八除十入,借定方成。故知禅之为用大矣哉!"

这是从专精佛教学理的立场,评论禅定在佛法修证上的价值与重要性。但不是专指唐代以后的禅宗而言。又云:

"自遗教东移,禅道亦授。先是世高、法护,译出禅经。僧光、昙猷等并依教修心,终成胜业。故能内逾喜乐,外折妖祥,摈鬼魅于重岩,赌神僧于绝石。及沙门智严,躬履西域,请罽宾禅师佛驮跋陀,更传业东土。玄高、玄绍等,亦并亲受仪则。出入尽于数随,往返穷乎还净。……

然禅用为显,属在神通。故使三千宅乎毛孔,四海结为凝酥,过石壁而无壅,擎大众而弗遗。"

这是说明由东汉安世高、西晋法护翻译禅经,以及晋代佛驮跋陀的再传禅定的修法以来,因修禅定而证得神异等的奇迹,遂使佛教在中国的传播事业,影响大增。

东晋以后有关习禅的史料与论评

在东晋的时期,除了佛驮跋陀的传译禅定修法与译出六十卷《华严经》以外，鸠摩罗什也同时传授禅法。唐代高僧道宣律师著《续高僧传》，他对于有关习禅者的论评说：

"自释教道东，心学唯鲜。逮于晋世，方闻睿公（僧睿）……时译《大论》(《大智度论》)有涉禅门。因以情求，广其行务。童寿（鸠摩罗什）宏其博施，乃为出《禅法要解》等经。

自斯厥后，祖习逾繁。昙影、道融，厉精于淮北；智严、慧观，勤心于江东。山栖结众，则慧远标宗（净土宗）；独往孤征，则僧群显异。"

这是概论东晋以后的风气所扇，习禅者愈来愈多的情形。从此以后，历经宋、齐、梁、陈，佛教的弘开和修习禅定的风尚，更加普及，上至帝王大臣，均偃然从风。至于北魏情形，《魏书·释老志》及司马温公所论甚详，不及备录。

其次有关北齐、北周修禅风气的情形，如论评说：

"高齐河北，独盛僧稠。周氏关中，专登僧宝。僧宝之冠，方驾澄安。神道所通，制伏强御。致令宣帝担负，倾府藏于云门。冢宰降阶，展归心于福寺。诚有图矣。"

有关梁朝禅修的发展，以及达摩大师东来传授禅宗心法以后的情形，论评说："逮于梁祖，广辟定门，搜扬寓内。有心学者，总集扬都。校量浅深，自为部类。又于钟阳上下，双建定林（寺名），夫息心之侣，栖闲综业。"

"属有菩提达摩者,神化居宗,阐导河洛。大乘壁观,功业最高。在世学流,归仰如市。"

有关陈朝和修习天台宗禅法(止观)的情形,论评说:

"有陈智璀,师仰慧思。思实深解玄微,行德难测。璀亦颇怀亲定,声闻于天。致使陈氏帝宗,咸承归戒。图像营供,逸听南都。然而得在开宏,失在对治。宗仰之最,世莫有加。会谒衡岳,方陈过隙。未及断除,遂终身世。"

有关隋朝的习禅及其流弊的论评说:

"隋祖创业,偏宗定门。下诏述之,具广如传。京邑西南,置禅定寺。四海征引,百司供给。来仪名德,咸悉暮年。有终世者,无非坐化。具以奏闻,帝倍归依。二世缵历,又同置寺。初虽诏募,终杂讲徒,故无取矣。"

有关天台宗禅定(止观)情形的论评说:

"当朝智颛,亦时禅望。锋辩所指,靡不倒戈。师匠天廷,荣冠朝列,不可轻矣。"

禅宗四祖道信的笃实禅风

由以上简录记载传述的史料,便可了解自汉末、魏、晋、南北朝以来习禅风气的普及情形。同时亦由此可知齐、梁之间志公(宝志禅师)与傅大士(傅翕)的发明禅悟,与达摩禅的一系,并无密切的关系。

总之,自汉末、魏、晋到梁、隋之间的佛法修证,完全侧重于修习禅定的行门,并非即如达摩禅"直指人心,见性成佛"的"教外别传"法门。所以由二祖神光、三祖僧璨,直到四祖道信时期,由达摩大师传承佛法心宗的一脉,才逐渐演变为中国禅宗的风格。到了五祖弘忍与六祖慧能、神秀手里,才又别开生面成为中国禅宗的特殊面目与精神。

但四祖道信大师的禅风,非常笃实。除了见地方面,纯以达摩禅的一脉为宗旨。至于修证方面,躬亲实践,仍然注重修习禅定。一如魏、晋、南北朝以来的精神,极其庄严正确。如《传灯录》与其他有关资料的记载,四祖六十年来习于长坐不卧而修禅定,这便是他"现身说法"的示相,也才是真正承接达摩大师"壁观"的榜样。如《传灯录》所载云:

"道信大师者,姓司马氏。世居河内,后徙于荆州之广济县。师生而超异,幼慕空宗诸解脱门,宛如宿习。既嗣祖风,摄心无寐,胁不至席者,仅六十年。"

新语云:读了这段史传的记载,我们应当反省近代与现代人的谈禅学道。一天禅定的工夫也不学习,仅从口头禅上拾人牙慧,会之于妄心意识,便恣逞快口利嘴以欺人,也自称为禅宗悟道之徒,殊可悲愍。虽然,事起弊生,无论世出世间诸事,莫不如此。故唐代道宣律师论述当时习禅者的情形,也便早已发现有如现在的现象。人事代谢，风月依然。借古鉴今，抑乎可叹。

"顷世定士，多削义门。随闻道听，即而依学，未曾思择，扈背了经。每缘极旨，多亏声望。吐言来诮，往往繁焉。（辟驳不通佛经教义而妄修禅定者）

或复耽著世定，谓习真空。诵念西方，志图灭惑。肩颈挂珠，乱掐而称禅数。衲衣乞食，综计以为心道。（辟驳妄心念佛与从事攀缘自以为即是禅修者）

又有倚托堂殿，绕旋竭诚。邪仰安形，苟在曲计，执以为是，余学并非。（辟驳盲目信仰求佛修福以为禅修者）

冰想铿然，我倒谁识。斯并戒见二取，正使现行。封附不除，用增愚鲁。（总辟妄见）

向若才割世网，始预法门。博听论经，明闲慧戒。然后归神摄虑，凭准圣言。动则随戒策修，静则不忘前智。固当人法两镜，真俗四依。达智未知，宁存亡识。如斯习定，非智不禅。则衡岭台崖，扇其风也。（赞扬南岳天台的禅定修法）

复有相述同好，聚结山门，持犯蒙然，动挂形网。运斤挥刃，无避种生。炊爨饮啖，静惭宿触。（辟驳经营生计不守戒律而如俗人者）

或有立性刚猛，志尚下流。善友莫寻，正经罕读。瞥闻一句，即谓司南。昌言五住久倾，十地将满。法性早见，佛智已明。此并约境住心，妄言澄净。还缘心住，附相转心。不觉心移，故怀虚托。生心念净，岂得会真。故经陈心相，飘鼓不停。蛇舌灯焰，住山流水，念念生灭，变变常新。不识乱念，翻怀见网，相命禅宗，未闲禅字，如斯般辈，其量甚多，致使讲徒倒轻此类。故世谚曰：无知之叟，义指禅师。乱识之夫，共归明德。返迷皆已大照，随妄普翳真科。不思此言，互谈名实。（双边辟驳狂禅之流与枉事佛学义理的研究者）

考夫定慧之学，谅在观门。诸论所陈，良为明证。通斯致也，则离乱定学之功，见惑慧明之业，苦双轮之迷涉，等真俗之同游。所以想远振于清风，稠实标于华望。贻厥后寄，其源可寻。斯并古人之所录，岂虚也哉！"（总论禅修的重要）

轻生死重去就的道信大师的风格

禅宗四祖道信大师，即以"摄心无寐，胁不至席者六十年"的笃实禅修，为行持的宗风。到了隋大业十二年（公元六一六年），为了躲避世乱，便率领他的徒众来到吉州（江西），恰好又碰到群盗围城的事，他就稍微显露一点神奇的事迹。到了唐武德七年甲申岁（公元六三四年）他又回到蕲春，住在破头山，跟他习禅的人也就愈来愈多了。综览《传灯录》、《五灯会元》、《指月录》、《续高僧传》等

资料,都有同样的记载如次云:

"隋大业十三载,领徒众抵吉州。值群盗围城,七旬不解,万众惶怖。祖悯之,教念摩诃般若。时贼众望雉堞间,若有神兵,乃相谓曰:城内必有异人。稍稍引去。唐武德甲申岁,师却返蕲春,住破头山,学侣云臻。"

> 新语云:由以上的记载,便可发现自四祖道信大师开始,已经逐渐变更达摩初传禅宗于二祖神光时,以《楞伽经》印心的传统了。四祖教人念摩诃般若(《大般若经》是佛法中阐言体性空的要典),从此,自五祖弘忍付授六祖慧能以来,便改用《金刚般若波罗蜜经》以印心,因此而开启初唐以后中国禅宗的特色。除此以外,四祖道信大师,又为后世学者留下不慕虚荣,轻生死,重去就的清风亮节,作为世出世间的典范。唐、宋以后许多儒家的"高士"、"处士"和道家的神仙们,亦多有相同的志趣。这是中国文化另一面的精神,也是中华民族的血统中特别强烈的一种特殊精神,应当尊重注意,然后才能谈——中国文化的气节。

"贞观癸卯岁(公元六四三年)太宗向师道味,欲瞻风采。诏赴京,祖上表逊谢,前后三返。第四度命使曰:如果不起,取首来。使至山谕旨,祖乃引颈就刃,神色俨然。

使回,以状闻,帝弥钦重。

　　高宗永徽二年辛亥岁(公元六五一年)闰九月四日,忽垂诫门人曰:一切诸法,悉皆解脱。汝等各自护念,流化未来。言讫,安坐而逝。寿七十四岁,塔于本山。明年四月八日,塔户自开,仪相如生,尔后门人遂不敢复闭焉。"

五祖弘忍大师

达摩禅的一系,自梁、隋而至初唐之际,经一百五十余年,都以秘密授受的方式,递相传法。到了四祖道信与五祖弘忍手里,才逐渐公开阐扬,崭露头角。上文曾经讲到三祖僧璨大师其人其事的疑案,已足为反对禅宗或持怀疑论者所借口,故《宋高僧传》、《景德传灯录》,及《佛祖历代通载》等的记述,有关五祖弘忍大师的来历与悟缘,都语焉不详,有意避开其他记载中关于五祖生前身后的传说,免滋后世学者的疑窦。

事实上,无论佛教的宗旨和佛学的原理,乃至禅宗求证之目的,它的整个体系最基本和最高的要求,都建立在解脱"三世因果"和"六道轮回"的基础上。唐、宋以后的禅宗宗徒们,大部分都直接以"了生死"为着眼点,便是针对解脱"三世因果"而发。庄子所谓"死生亦大矣"的问题,也正是古今中外所有宗教、哲学、科学等探讨生命问题的重点所在。何况佛法中的禅宗,尤其重视此事,大可不必"曲学阿世",讳莫如深略而不谈。《五灯会元》与《指月录》等禅宗史书却赫然具录此事的资料,以补《宋高僧传》和《景德传灯录》的失漏之处,颇堪提供重视真参实悟的参禅者玩索深思。

破头山上的栽松老道

当四祖道信在湖北荆州黄梅破头山建立禅宗门庭时,一位多年在山上种植松树的老道人,有一天来对四祖说:"禅示的道法,可以说给我听吗?"道信大师说:"你太老了,即使听了悟了道,也只能自了而已,哪里能够担当大事以弘扬教化呢?如果你能够转身再来,我还可以等你。"老道人听四祖这样说,便扬长自去了。

他独自走到江边,看见一个正在洗衣服的少女,便向她作个揖说:"我能够在你这里暂时寄住吗?"那个女子说:"我有父兄在家,不能自己妄作主张。你可以到我家去求他们收留你。"老道人便说:"只要你答应了,我便敢到你家里去。"那个女子点点头,同意他去求宿。于是老道人就托着拐杖走了。

这位在江边洗衣服的女子,是当地周家的幼女。从此以后,就无缘无故地怀孕了。因此,她的父母非常厌恶她,便把她赶出门去,流落在外,她诉冤无门,有苦难言,每天为别人作纺织,佣工度日,夜里便随便睡在驿馆的廊檐下。到了时间,生了一个男孩。她认为无夫而孕,极其不祥,就把他抛在浊水港里。到了第二天,这个男婴又随流上行,面色体肤更加鲜明可爱。她非常惊奇地又抱他回来,把他抚养长大。到了幼童的时期,便跟着母亲到处去乞食为生。地方上的人，都叫他"无姓儿"。后来碰到一位有道的人说："可惜这个孩子缺少了七种相，所以不及释迦牟尼。"

到了唐高祖武德七年（公元六二四年）以后，道信大师从江西吉州回到蕲春，定居在破头山。有一天，大师到黄梅县去，路上碰到了他。大师看他的"骨相奇秀，异乎常童"。便问他说："你姓什么？"他回说："姓即有，不是常姓。"大师说："是何姓？"他说："是佛性。"大师说："你没有姓吗？"他说："性空故无。"大师心中默然，已经知道便是前约的再来人，确是一个足以传法的根器。便和侍从的人们找到他的家里，乞化出家。他"父母以宿缘故，殊无难色，遂舍为弟子"。道信大师便为他取名叫弘忍。

这一段五祖出身来历的公案，综合《景德传灯录》、《五灯会元》、《指月录》等的资料，备如上述。原文可查上列各书中有关四祖道信与五祖弘忍的两段记载，不再重录。

但《宋高僧传》和其他的记载，便略去这些奇异事迹而不谈。宋《高僧传》云：

释弘忍，姓周氏，家寓淮左浔阳，一云黄梅人也。王父暨考，皆不干名利，贲于丘园。其母始娠移月，而光照庭室，终夕若昼。其生也灼烁如初，异香袭人，举家欣骇。迨能言，辞气与邻儿弗类。既成童卯，绝其游弄，厥父偏爱，因令诵书。无记应阻其宿薰，真心早萌其成现，一旦，出门徙倚闲，如有所待。时东山信禅师邂逅至焉，问之曰：

"何姓名乎？"对问朗畅，区别有归，理逐言分，声随响答。信熟视之，叹曰："此非凡童也。"具体占之，止阙七大人之相，不及佛矣。苟预法流，二十年后必大作佛事，胜任荷寄。乃遣人随其归舍，具告所亲，喻之出家，父母欣然，乃曰：禅师佛法大龙，光被遐迩，缁门俊秀归者如云，岂伊小弃那堪击训。若垂虚受，固无留吝。时年七岁也。至双峰习乎僧业，不遒艰辛，夜则敛容而坐，恬澹自居，洎受形具，戒检精厉。信每以顿渐之旨，日省月试之，忍闻言察理，触事忘情，哑正受尘，渴方饮水，恬如也。信知其可教，悉以其道授之，复命建浮图功毕，密付法衣以为质。要将知龁雪山之肥腻，构作醍醐。餐海底之金刚，栖倾巨树。披纳之侣，麇至蝉联。商人不入于化城，贫女大开于宝藏。入其趣者，号东山法钦！以高宗上元二年十月二十三日告灭。报龄七十有四。

平凡的神奇充满了初唐以前的禅门

人类文化，无论如何的昌明发达，但对于生命的神奇，一般人始终无法知其究竟。而且在下意识中多多少少总想保留最后的神秘，以自我陶醉或自我幻想。古今中外一例，岂独宗教中人方以神奇相尚而已。释迦牟尼、老子、孔子、耶稣、穆罕默德等教主的诞生，以及一般历史上英雄的出生，都附有许多奇异的传说，以陪衬其伟大和非凡。是真实？是幻觉？暂时不作论断。

禅宗的大师们，在初唐之前，大半都是富有传奇性的人物。我所谓隋唐以前中国禅宗的大师志公和尚，他便是一个从鹰巢中捡得的孤儿。中国维摩禅的大师傅翕，也是一位富有传奇性身世的人物。他如达摩禅的三祖僧璨，毕生来历是一大疑案。五祖弘忍则平凡中更充满了神奇。如果照某些学者的偏激观念来说，大圣人们多半都是"私生子"，则又未免言之过诡。但弘忍大师的出生，记传事实大多都承认他是无父而生的孤儿，因此照一般常理来说，就很可能被人指为"私生子"了。当然喽！如果引用现代科学人工受孕的理论，倒可作一番漂亮的解释，但是距离事实太远，大可不必强作此说。同时，有关这一类的"生死问题"是佛法的重心所在，自有一套较为完整、精凿的理论根据，一时难以说明。

关于生命的延续，牵涉到前生后世的问题，无论在中国文化、埃及文化、大西洋文化（包括希腊文化）中，都自古存在。但从中国文化来说，秦、汉以前，对于生死问题，虽然早已有了"精气为物，游魂为变"的解说，认为人死之后，便可化为鬼魅或神祇，但并无"转生再世"的确论。自东汉以后，佛教传入中国，"三世因果"和"六道轮回"之说，才与中国固有的游魂之变等鬼神思想合流。自魏、晋以后，"转身再世"的观念，就一直普植人心，而且广泛地为佛道两家所引用，永为生命延续的牢固观念。

例如净土宗的"迁识往生极乐世界",禅宗的"了生脱死"等思想,都由此而建立其基础和究竟的目的。唐以后"三生再世"的观念,和忠臣、孝子、节妇、义夫等,以及"生而为英,死而为灵"、"神鬼神帝"的思想,也便由于佛法的生命延续的观念作基础,确立了中华民族但求正义的至善至真,而"不畏生死"的大无畏精神的牢固基础了。

如果根据《宋高僧传》的文字记载,堂堂一代宗师的四祖道信,路上碰到一个七岁小孩,简简单单地问答了几句双关妙语以后,便轻轻易易地交付了传统衣钵,未免太过草率,等同儿戏。禅宗的授受果真如此,何以"其重若彼,而其轻若此"!如果旁求记传,对于四祖道信大师的"默识其为非凡童"等语意,便有所了解了。总之,关于生命的轮回转世之说,在佛教和正统禅宗的立场而言,那是根本的要点所在。信者自信,非者自非,此须真正智慧的抉择。到目前为止,"灵魂"学说未得实证以前,实在难以强人所难去肯定相信。现在世界各国"神秘学"虽然发达,同时也普遍强调"灵魂"与"轮回"之说的可信性,但是毕竟还没有拿出现代科学的证据,不能使这一代倾心科学的崇拜者相信。

隋唐以后盛传的三生再世之说

与五祖弘忍大师"转身再世"之说相辉映,而经常见之于中国人生思想与文学之意境的，便是唐人传说中的"三生因缘"，记叙李源和圆泽大师的一段故事。如云：

"唐僧圆泽（有作圆观），与李源善。约游峨嵋，舟次南浦，见妇人锦裆贞瓮而汲。泽曰：此妇孕三年，迟吾为子。今已见难逃，三日顾临，一笑为信。后十三年中秋月夜，杭州天竺寺当相见。及暮，泽亡。而妇乳三日，往果一笑。李后如期至杭州葛洪井畔，见一童牵牛踏歌而来。其词曰：'三生石上旧精魂，赏月吟风莫要论。惭愧情人远相访，此身虽异性长存'，'身前身后事茫茫，欲话因缘恐断肠。吴越江山寻已遍，却回烟棹上瞿塘。'欲与之语，牵牛冉冉而逝，李嗟叹而返。"（事见于《甘泽谣》）

唐、宋以后，由于这段故事的普遍流传，不但平添中国文学与言情小说中许多旖旎风光，同时也为中国文化确立了因果报应的伦理道德观，以及特别注重人格修养的浓厚风气。

道信大师与弘忍大师的授受祖位与其他

根据《宋高僧传》与《景德传灯录》的资料，弘忍大师自七岁依止四祖道信大师开始，接受四祖多年的教育陶融，才得承受衣钵与禅宗的心法。从此以后遂替代道信大师领导学徒。但达摩禅的一脉，自五祖弘忍继承亲传衣钵以后，又同时旁出金陵（南京）牛头山法融禅师一系。递相传授到初唐和盛唐之际。流风所及，地区则遍于安徽、江、浙与长江下游一带，声望则影响到唐朝的宫廷，尤有过于五祖以后的北宗神秀之声势。因此研究唐代的文化思想史，及隋、唐以后的禅宗发展史，倘若只以六祖慧能一系，涵盖一切，便有以偏概全之失，实在不明隋、唐以后文化思想发展的趋势。《传灯录》记载四祖与五祖对话中的预言，早已提出这一问题。如云：

"四祖一日告众曰：吾武德中游庐山，登绝顶，望破头山，见紫云层盖，下有白气，横分六道。汝等会否？众皆默然。忍（弘忍）曰：莫是和尚他后横出一枝佛法否？师曰：善。"

达摩禅的四祖道信大师，除了荷担禅宗心法和衣钵的传授以外，从他一生的行径来看，尤其注重全部佛法与禅定的修证工夫。所谓"摄心无寐，胁不至席者，仅六十年"，何尝如后世的禅僧们，仅以机锋转语的口头禅为能事。五祖绍承四祖的宗风，为《宋高僧传》所记述，亦极重禅定修证的行持；并非专以"无姓"或"性本空"等三两句奇言妙语，便可侥幸而得祖位。至于五祖弘忍的禅宗法要，则见于他的门弟子所记述的《最上乘论》。我们必须读了《最上乘论》，参考研究达摩大师的《血脉论》和《破相论》，以及三祖僧璨大师的《信心铭》等，然后再来研读六祖慧能的《坛经》。那么，对于达摩禅一系的禅宗理论，或可有一套完整体系的概念。以此学禅，配合禅定修证的工夫,也许可得入道之门。读了这些禅宗的要典,再来研究禅宗思想的发展史,才可能了解自梁、隋、唐以后禅宗文化思想中"随时偕行"的演变因缘,学者不可不察也。

懒融其人

观是何人心何物，本来这个不须寻。

百花落尽春无尽，山自高兮水自深。

隋唐间达摩禅的分布

上文曾经讲过中国禅宗在南北朝间兴起和发展的史料，约有三途：一为中国大乘禅的志公大师，一为中国维摩禅的傅大士，一为隋、唐以后禅宗所推尊的达摩大师。但这三家的禅旨，它所表达的方式虽各不同，其实质却完全吻合。换言之，都以禅定为根本，进而透脱大小乘全部佛法的心要。其中达摩禅的一支，自南朝梁武帝时期开始，秘密付授，代相递传，到了隋、唐之间，已经有了五代的传承。继之而起的六祖慧能与神秀的禅宗，已是初唐以后的事了。事不孤起，无论出世和入世的事，它的来龙去脉，也绝非无因突变而来。禅宗在隋、唐以后，形成中国文化的主流，除了上述的志公和傅大士之外，再要追溯它渐变而来的原因，便须研究南北朝到唐初两百年间，佛法的禅定之学在中国的演变情形。

"禅定"，本来就是佛法求证的实际工夫，并非徒凭经典的义理和文字就可知其究竟。南北朝两百年来禅定的发展与演变，不但有历史时代的因素，同时它在南北朝间所传布的地区，也是形成唐代以后禅宗的主要原因之一。至于隋、唐以后禅宗的学术思想和风格，它是综合大小乘佛学的要旨，并融通老、庄、儒家等思想的精华所形成的。这又是另一重大而繁复的论题，须从魏、晋时期开始说起，概括四五百年来中国思想史的精神，所以只好另作别论了。

破头山与牛头山

现在只就南北朝到隋、唐两百年来中国禅的发展和演变来说。南朝的宋、齐、梁、陈、隋归作一个系统。北魏又是另作一个系统。北魏在佛教和佛学的发展史上，固然非常重要，但地近西陲，受西域传入佛教的影响，偏向教义和译经方面。至于南朝的文化和佛学是继承魏、晋学术思想的流风遗韵，偏向于玄奥的探讨，着重在机辩的敏捷。

东晋渡江以后，俊彦、名士大多联袂而到江左。即如出世为僧的佛教徒们，亦多过江南渡，寻幽探胜，而自觅其栖心禅静的山林作为道场。这种情形虽说是时运使然，其实亦多有人事的因素。当时的北魏，虽然雄踞中原，但氏族系出胡人，绝非南渡君臣与士大夫所愿臣服。出家人固然不干朝政，而故国禾黍之思，总亦难免起伏于禅心的鉴觉。例如东晋之初，提倡净土念佛为专修禅观法门的慧远法师,此时便宁自南到庐山结社以修净业,其间的初衷心迹,亦未尝不受这种因素的影响。至于达摩禅的一系,自二、三祖以后,衣钵逐渐南来,同样也是顺时应变的必然现象。

此外,当从"地缘政治"来看文化的发展,时不分今古,地不论中外,凡有人文的区域,总有南北、东西人物与精神的优劣异同现象。总之,北方文化重实际、善笃行;南方文化重旷达、善玄思。例如春秋时代,孔孟精神便是北方文化的代表;老庄思想便是南方文化的特色。依此例以概南北朝以后,禅宗发展于南朝的情形,也确然如合符节而绝少不然。

根据禅宗史料的记载,达摩大师传授衣钵与二祖神光以外,同时承接他的禅道心要者还有道副、道育、比丘尼总持、居士杨衒之等数人,他们在当时虽未登堂入室而承受衣钵的嘱咐,但禅风的阐扬,散之四方,可想而知已经启其端倪。此后,二祖传付衣钵与宗旨于僧璨以外,旁出亦有多人。由此传到四祖道信时期,禅宗的风气已开,又大非二、三祖时可比。他先时行脚江西,后来又在湖北蕲春的破头山上,正式建立了道场,公开阐扬宗旨。此时正当隋、唐之间,地区则偏在长江南北。

一直到他传付衣钵于五祖弘忍以后,他又飘然远行,到长江下游的牛头山(金陵)上,找到了法融禅师,传授禅宗心法,再又开启了牛头法融的一脉。历传到中唐以后,人才辈出,颇多名动朝野、望重当时的哲匠。如杭州径山寺的道钦禅师,备受唐代宗的尊重,就是其中之一。如果隋唐以后的禅宗,真有南北之分,则牛头山法融禅师的一系,早已开启了北宗的风格,岂待神秀与菏泽(神会)之时,方起纷争。

赚得百鸟衔花的懒融

法融禅师,润州(镇江)延陵(武进)人。姓韦。十九岁时,便学通经史。后来读到《大般若经》,了解真空的玄奥。有一天,他感慨地说:"儒家与道家的典籍,到底不是最究竟的道理,看来只有般若正观,才能作为出世的舟航。"因此,他就隐遁到茅山(今在句容县境)出家去了。后来他独自一个人,到牛头山幽栖寺的北岩石室中专修禅定。相传有百鸟衔花来供养他的奇迹。

到了初唐贞观时期,四祖道信大师传付衣钵与五祖弘忍以后,遥远地看到牛头山上的气象,便知此山中必有不平常的人物。因此,便亲到牛头山来寻访究竟。他向幽栖寺的一位和尚打听说:"这里有修道的人吗?"那个和尚便说:"出家人哪个不是修道的人啊!"四祖说:"啊!哪个是修道的人?"这个和尚被问得哑口无言了。旁边另一个和尚便说:"从这里再去山中,约十里左右,有一个和尚住在那里。他叫法融。但非常的'懒',看见别人也不起来迎接,更不合掌作礼,所以大家都叫他'懒融',也许他是一个道人吧!"四祖听了,便再进山去寻访。

善恶一心都可怕

四祖到了山中,看见法融禅师端坐习禅,旁若无人,绝不回头来看他一眼,便只好问他:"你在这里做什么?"他说:"观心。"四祖便说:"观是何人?心是何物?"他无法对答,便起来向四祖作礼,一边就问:"大德高栖何所?"四祖说:"贫道不决所止,或东或西。"他说:"那么,你认识道信禅师吗?"四祖说:"你问他做什么?"他说:"响德滋久,冀一礼谒。"四祖便说:"我就是。"他说:"因何降此?"四祖说:"我特意来访你的。除了这里以外,还有哪里可以'宴息'的地方吗?"他就指指山后说:"另外还有一个小庵。"四祖便叫他带路。到了那里,看到茅庵四周,有许多虎狼之类的脚印,四祖便举起两手作恐怖的状态。法融禅师看到了,便说:"你还有这个在吗?"四祖便说:"你刚才看见了什么?"他又无法对答,便请四祖坐下。四祖就在他坐禅的大石头上写了一个"佛"字。他看了竦然震惊,认为这是大不敬的事。四祖便笑着说:"你还有这个在吗?"他听了依旧茫然未晓。

新语云:看了这段禅宗的公案,首先须要注意法融禅师,在未出家,未学禅之先,便已是"学通经史",深通儒、道的学者。出家以后,他的行径,以"懒"出了名。其实,他全副精神用在"观心"修禅上,所以便"懒"于一切外务。

其中最为有趣而且有高度"机锋"的幽默对话,便是四祖问幽栖寺和尚:"此间有道人否?"僧答:"出家人哪个不是道人。"四祖又说:"啊!哪个是道人?"聆此,殊堪发人深省。

后来他问法融禅师:"观是何人?心是何物?"便是参禅学佛最重要的话头,也是一般要学道静修的人,最值得深深省察的要点,不可轻易放过。

其次,山中已够清静,而四祖还要追问法融禅师,在此清静境中,"莫更有宴息之处否?"岂非奇特之至?须知日夜落在清静中者,正自忙得不亦乐乎,闹得非凡,哪里是真宴息之处?真宴息处,不在于清静与热闹中啊!最后,法融禅师带着四祖进入后山小庵处,看见了虎狼之类,四祖便作恐怖的状态,因此引起法融禅师的疑问:"既然你是悟道的大禅师,还有惧怕虎狼的恐怖心吗?"四祖因此便问他:"你看到了什么?"到这里,学者大须注意,这一恐怖之心,与"观是何人?心是何物?"有何差别?必须要检点得出来。再说:见虎狼即恐怖,与"喜、怒、哀、乐,发而皆中节"之心,又有何差别?亦须一一检点来看。可惜法融禅师当时不悟，所以四祖便在他打坐的石头上，写了一个"佛"字，引起他的震惊与竦惧，因此反问他："你还有这个在吗？"这便是宗门的作略，处处运用"不愤不启，不悱不发"的启发式教授法，颇堪玩味。同时，也显示出禅宗佛法在佛教中，的确是入乎其内，出乎其外的真解脱，绝非小根小器的人所可了知。且听偈曰："观是何人心何物，本来这个不须寻。百花落尽春无尽，山自高兮水自深。"

在山的悟对和出山的行为

因此，法融禅师便请示心法的真要。四祖说："百千法门，同归方寸。河沙妙德，总在心源。一切戒门、定门、慧门，神通变化，悉自具足，不离汝心。一切烦恼业障，本来空寂。一切因果皆如梦幻。无三界可出，无菩提可求。人与非人，性相平等。大道虚旷，绝思绝虑。如是之法，汝今已得，更无阙少，与佛何殊！更无别法。但任心自在，莫作观行，亦莫澄心。莫起贪嗔，莫怀愁虑。荡荡无碍，任意纵横。不作诸善，不作诸恶。行住坐卧，触目遇缘，总是佛之妙用，快乐无忧，故名为佛。"

法融禅师听到这里，又问："此心既然具足一切，什么是佛？什么是心？"四祖便说："不是心，哪里能问什么是佛。能问佛的是什么？当然不会不是你的心啊！"法融禅师又问:"既然不许此心作观想修行的工夫,对境生心时,又如何去对治它呢?"四祖说:"外境本来就没有好丑美恶的差异,所有好丑美恶,都由自心而起,此心既不强生起名言和境相的作用,那妄情又从哪里生起呢?妄情既然不起,真心就可任运自在而遍知无遗了。你要随心自在,不要再加任何对治的方法,就叫做常住法身,更没有别的变异了!"

法融禅师自受四祖的心法以后,入山从他学道的人更多了。到了唐高宗永徽年间,因徒众乏粮,他就亲自到丹阳去募化。早出晚归,往来山中八十里,亲自背米一石八斗,供养僧众三百人。又屡次应邑宰萧元善和博陵王之请,讲演《大般若经》。

新语云:四祖对法融禅师所说的禅宗心法,极为平实而扼要,他把大小乘佛学经典的要义,透过"般若"(智慧)的抉择而会归一心,绝不拖泥带水,更无神秘的气氛。他与达摩大师、志公、傅大士的禅语,完全类同。学者应当和五祖弘忍所作的《最上乘论》互相比照来读,然后就可了解六祖《坛经》的渊源所在了。

其次,达摩的一系,其初以《楞伽经》为印证的要典。自四祖开始,便改为以《般若经》为主。五祖和六祖均秉承师法,亦都弘扬"般若"。法融禅师的一支,也不例外。这是达摩禅到隋、唐之间的一变,虽然无关宗旨,但对于禅宗思想史的演变,却是一个关键所在。

禅宗以"无门为法门",但主悟明心地,彻见性源而已。虽然,由持戒、修定而最后得其慧悟的,便叫作"渐修"。因敏慧而透脱心地法门的究竟者,便叫作"顿悟"。"顿悟"以后,虽修一切善行而不执著于修。看来形迹似乎不重修行,实则随时都在自修心地,只是不拘小乘形式上的禅定,而特别着重于明心返照。以上所记法融禅师、四祖的问答,便是禅宗修法的要点,必须会归一心而体味玩索。

同时可由此了知,法融禅师在未见四祖之前,修习禅定的观心法门于牛头山上,真是"独坐大雄峰",玩弄一段非常奇特的大事。但自见到四祖以后,反而没有如此悠闲自在,却要为大家讲经说法,又要为大众谋饭吃,亲自往来负米山中,这又为了什么?不是真达明心之境的,实不懂此禅要。不知持心而行修布施的,更不知此禅要。总之,真正禅的精神,不是只图意境上的独自清闲享受,它是注重心地行为的舍施,而不企望有什么图报的。法融禅师,便是"在山泉水清,出山泉水清"的一格,你说对吗?

法融一系的禅心与文佛

牛头山法融禅师一系的禅门,自隋、唐之际(约当公元六〇〇年间),传承六世到唐穆宗长庆(公元八二四年)之后,经过两三百年,风气所及,影响唐初的朝野与士风,颇为有力,其中人才辈出,清亮可风,如道钦禅师见重于唐代宗,慧忠禅师以伏虎而显现神迹等,自唐以后,素为僧俗所钦敬。这一系禅门的风格,以注重笃实的行持与禅定相契为根本。而其说法的方式与教授法,却与唐代的文学,结了不解之缘,此为其特色。但其行化的主要地区,却偏在江南一带,如江苏与浙江的通都大邑或名山胜水之间。约略有如后面的附表。

诗境与禅语

有关牛头山法融禅师的精辟法语,莫过于他对博陵王的答问(文繁不录)。尤其对于心性体用之间的警语,如"恰恰用心时,恰恰无心用,无心恰恰用,常用恰恰无"等至理名言,传颂千古。同时亦为南宗六祖以下的禅门所服膺。后来他传法于第二世的智严禅师时,便说:"吾受信大师真诀,所得都亡。设有一法胜过涅槃,吾说亦如梦幻。

夫一尘飞而翳天,一芥堕而覆地。"诸语不但是"文以载道"的名言,而且也是禅与文学相结合的特别之处,因此,多为南宗六祖一系的禅者所乐道。

自融师之后,以文词妙句达禅道心要的,莫如舒州天柱山的崇慧禅师。例如僧问:"如何是天柱境?"答:"主簿山高难见日,玉镜峰前易晓人。"问:"如何是天柱家风?"答:"时有白云来闭户,更无风月四山流。"问:"亡僧迁化向什么处去?"答:"潜岳峰高长积翠,舒光明月色光辉。"问:"如何是道?"答:"白云覆青嶂,峰鸟步庭华。"问:"宗门中请师举唱。"答:"石牛长吼真空外,木马嘶时月隐山。"问:"如何是西来意?"答:"白猿抱子来青嶂,蜂蝶衔花绿叶间。"

　　新语云:诸如此类的语句,都是以文学的意境,平实地表达本地风光,开启了唐末五代与宋初禅门的法语风格。

吹布毛的启发

以机辩渊默显示平实的法要者,则为杭州鸟窠的道林禅师。他的启发式教授法尤为千古禅门所乐道。

例一如:

道林禅师自得法于道钦禅师以后,见"秦望山有长松,枝叶繁茂，盘屈如盖"，遂栖止其上，故时人谓之鸟窠禅师。复有鹊，巢于其侧，自然驯狎，人亦目为"鹊巢和尚"。当时有一小侍者名会通者，在俗本名为吴元卿，原任唐德宗"六宫使"（宫廷王室的联络官）。"形相端严，王族咸美之。"唯志厌世俗，力求出家。德宗常劝谕之曰："朕视卿若昆仲，但富贵欲出于人表者，不违卿，唯出家不可。"然德宗终难挽其初心，而奉准出家为僧，依鸟窠禅师为侍者。"昼夜精进，诵大乘经而习安般三昧（即修禅定之另一方法）。"

一日，欲辞鸟窠禅师他去，师问曰："汝今何往？"答："会通为法出家，不蒙和尚垂慈诲，今往诸方学佛法去。"

师曰："若是佛法，吾此间亦有少许。"会通即问："如何是和尚佛法？"

鸟窠禅师即于身上拈起布毛，吹之。

会通因此而领悟玄旨，当时人称之为"布毛侍者"。

迨唐武宗废佛寺时，师与众僧礼辞灵塔（拜别鸟窠禅师的墓塔）而迈，不知所终。

例二如：

老难为善

元和中，白居易出守杭州，因慕鸟窠禅师之名而入山礼谒。

白问："禅师住处甚为危险。"

师曰:"太守危险尤甚!"

白问:"弟子位镇江山,何险之有?"

师曰:"薪火相交,识性不停,得非险乎?"

白问:"如何是佛法大意?"

师曰:"诸恶莫作,众善奉行。"

白说:"三岁孩儿也解恁么道。"

师曰:"三岁孩儿虽道得,八十老人行不得。"

白居易终生栖心禅观与净土,得力于鸟窠禅师的开示颇为有力。

至圣独照的隽语

又如得法于牛头山慧忠禅师的惟则禅师。隐于天台山瀑布之西岩,后自名其岩为佛窟。一日示众曰:"天地无物也,我无物也,然未尝无物。斯则圣人如影,百年如梦。孰为生死哉!至人以是独照,能为万物之主,吾知之矣。汝等知之乎?"

新语云:总之,牛头山法融一系的禅风,既平易,又奇特,有机锋,有实语,与南宗六祖以后的禅,同而不同。他与五祖弘忍大师旁出的北宗神秀之禅,互相辉映于唐代的文化思想之间,颇有影响之力,学者不可不加注意。

法融一系的禅心与文佛索引表

（初稿一）

法号		出生年		卒　年	出生地	归终地	享年	备　注
法融禅师	594	隋文帝开皇十四年甲寅	657	唐高宗显庆二年丁巳	润州延陵（江苏武进）	建初（未详）	64	第一世
智严禅师	599	隋文帝开皇十九年己未	676	唐高宗仪凤元年丙子	曲阿（江苏丹阳）	南京石头城	78	第二世
慧方禅师	629	唐太宗贞观三年己丑	695	唐武则天天册元年乙未	润州延陵	茅山（江苏句容）	67	第三世
法持禅师	635	唐太宗贞观九年乙未	702	唐武则天长安二年壬寅	润州江宁（南京）	金陵	68	第四世
智威禅师	653	唐高宗永徽四年癸丑	729	唐玄宗开元十七年己巳	江宁（南京）	金陵延祚寺	77	第五世
慧忠禅师	683	唐高宗弘道元年癸未	769	唐代宗大历四年己酉	润州上元（江苏江宁）	金陵延祚寺	87	第六世
昙璀禅师	631	唐太宗贞观五年辛卯	692	唐武则天天授三年壬辰	吴郡（江苏吴县）	钟山（江苏江宁）	62	法融禅师旁出
玄素禅师	668	唐高宗总章元年戊辰	752	唐玄宗天宝十一年壬辰	润州延陵	京口鹤林寺（江苏镇江）	85	智威禅师下旁出
崇慧禅师			779	唐代宗大历十四年己未	彭州（江苏铜山）	舒州天柱山（安徽）		同上
道钦禅师	714	唐玄宗开元二年甲寅	792	唐德宗贞元八年壬申	苏州昆山	杭州径山	79	智威禅师下旁出
道林禅师	741	唐开元二十九年辛巳	824	唐穆宗长庆四年甲辰	本郡富阳（浙江杭县）	杭州秦望山	84	同上
玄挺禅师								同上
会通禅师					本郡			同上
唯则禅师					京兆（陕西长安）		80	慧忠禅师下旁出
云居至禅师								同上

(初稿二)

智严禅师下旁出八人	
法　　号	弘法之地
镜潭禅师	东都（洛阳）
志长禅师	襄州（湖北襄阳）
义真禅师	湖州（浙江）
端伏禅师	益州（四川）
龟仁禅师	龙光（未详）
辩才禅师	襄州（湖北襄阳）
法俊禅师	汉南（湖北南部）
敏右禅师	西川（四川成都）
法持禅师下旁出二人	
玄素禅师	牛头山（金陵）
弘仁禅师	天柱（未详）
玄素禅师下旁出二人	
昙益禅师	金华（浙江金华）
圆镜禅师	吴门（江苏吴县）
道钦禅师复出三人	
山悟禅师	木渚（未详）
广敷禅师	青阳（安徽贵池）
中子禅师	杭州
道林禅师复出一人	
宝观禅师	灵岩
法融禅师下三世十二人，只有昙璀禅师见录，其他十一人则不录	
昙璀禅师	金陵钟山
大素禅师	荆州
月空禅师	幽栖（未详）
通演禅师	白马（河南滑县）
定庄禅师	新安（未详）
智瑳禅师	彭城（江苏铜山）
通树禅师	广州
智爽禅师	湖州（浙江）
杜默禅师	新州（未详）
智诚禅师	上元（江苏江宁）
定真禅师	
如度禅师	

慧忠禅师下旁出三十六人，二人见录，三十四人无机缘语句不录	
惟则禅师	浙江天台山
云居禅师	浙江天台山
道性禅师	金陵牛头山
智灯禅师	江宁
怀信禅师	解县（山西安邑西南）
鹤林全禅师	
怀古禅师	北山（未详）
观宗禅师	浙江明州
大智禅师	牛头山
善道禅师	白马
智真禅师	牛头山
谭颙禅师	牛头山
云韬禅师	牛头山
牛头山凝禅师	牛头山
法梁禅师	牛头山
行应禅师	江宁
惠良禅师	牛头山
道融禅师	兴善
照明禅师	南京蒋山
法灯禅师	牛头山
定空禅师	牛头山
慧涉禅师	牛头山
道遇禅师	幽栖（未详）
凝空禅师	牛头山
道初禅师	蒋山
幽栖藏禅师	
灵晖禅师	牛头山
道颖禅师	幽栖
巨英禅师	牛头山
法常禅师	释山（未详）
凝寂禅师	龙门（未详）
庄严禅师	
道坚禅师	襄州（湖北襄阳）
尼明悟禅师	
清源禅师	润州栖霞寺
居士殷净	

马祖不是妈祖

马祖,这是中唐以后弟子们对他私谥的尊称。因为由达摩所传的禅宗,到了六祖慧能之后,谁也不敢擅自称"祖",所以便有这种私底下的称呼。也可以说是平民式、自由式的尊称,既不尽同于佛教的教仪,也不合于当时的官式法定。但是,的确表示了他的弟子们由衷的敬意。

他俗姓马,四川什邡县人,出家的法名叫"道一"。可是后来提到"道一"禅师,反而很少有人知道,提到马祖,谁都清楚就是他。不过他是唐代的和尚,是男人。并非民间相传宋代以后福建的"妈祖",那是一位由行孝而成神的孝女。在民俗的信仰中,颇为威灵显赫,声震朝野。有的地方,还建庙祀奉她,称为天后宫的天后娘娘呢!

据禅宗资料的记载,马祖生具异相,大有王者之概。"牛行虎视,引舌过鼻,足下有二轮文。"这样一位堂堂的大丈夫,后来成就为南宗禅门的大宗师,声名教化隆盛一时,这与他生具的威仪禀赋,也有极密切的关系。

他从小出家,依四川资州唐(俗姓)和尚落发。后来在重庆圆律师处受戒,正式为僧。

前文(《人文世界》第三卷第二期)说过他在湖南南岳衡山习定碰到怀让大师的事,那正是唐玄宗开元间事。据

《传灯录》的记载,当时一起跟怀让大师学禅的,共有九人。够得上称为入室弟子的,只有六人,其中唯有马祖的成就最大,得密授心印。

他后来自建阳(福建)佛迹岭迁到临川(江西),再迁南康(江西)的龚公山。一直到了唐代宗的大历中(766—775)隶名于开元精舍。

南宗禅由马祖手里开始大盛,在中国文化史上,应该算是中唐到晚唐间事。那时唐代的宗室内部,已渐趋衰退,藩镇的权力日益增强。南宗禅马祖宗风的振兴,应该说是得力于他的藩镇弟子,岭南的连帅路嗣恭之力。但路嗣恭在唐代的政治舞台上却不是什么"清风亮节"的人物,只是当时的权势,足可影响南方的政局,因此之故,对马祖的声望而言,实有锦上添花的作用。

凡是宗教,由教主们白手建立起来以后,后代的兴隆,往往都要凭借权力来陪衬,由此互为因果,政教两者便不可或分了。至少在过去的中外史上,都是如此。以后在人类史上究竟如何,暂且不作讨论。

马祖一生的教化,盘根落在江西。与他同时齐名的石头希迁和尚,也在江西。当此时也,佛教与禅宗的中心,统统在湖南、江西之间。而且当时的时局,北方颇为不稳,南方较为安定。禅定,更需要世局的安定。因此,对当时赣、湘之间禅风的盛行,可以思过半矣。

一段民间传说的插曲

马祖的故乡,虽说在唐代的什邡县,但三十年前,我在成都的时候,成都北门有一条街,叫簸箕街。据当地的朋友告诉我说,马祖的家乡,便在此处。当时,他的家里是以编卖簸箕为生的。

马祖自南岳得道以后,曾想回到四川弘扬佛法——禅宗。四川人听说有一位得道的高僧到了成都,大家争相膜拜。结果一看是马簸箕的儿子,便一哄而散,没有人相信。因此马祖很感慨地说:"学道不还乡,还乡道不香。"

他决心再度离开故乡,要到下江去了(四川朋友通称长江下游各地的惯语)。只有他的一位嫂嫂很相信他,求他传授佛法。

他笑着说:"你真的信我啊!那你拿一个鸡蛋,把它悬空挂起来,每天早晚把耳朵贴到鸡蛋去听,等到它出声音和你讲话时,你就会得道了。"

他的嫂嫂深信不疑,一切遵办。马祖走了,她听了多年,也听不到那个鸡蛋出声音。可是并不灰心,照听不误。有一天正当她在听的时候,细绳子断了,鸡蛋打破了,他的嫂嫂因此大彻大悟而得道了。

这个故事,虽说只是一个民俗寓言,哈哈大笑以外,在我觉得,好像亲见马祖一样,启发我太多的道理。可惜聪明而可怜的世上人啊！谁真能领会其意呢？"智者过之，愚者不及焉！"其奈禅道何！

其次，当时又使我生起一个很可笑的感想。

人，毕竟就是那么平凡。多少宗教上的大师，都受到得道还乡的苦果。只有项羽、刘邦这种人物，才有条件说："富贵不归故乡，如衣锦夜行。"可是当亭长还乡高唱"大风起兮"的歌声之后，何以他又慷慨悲凉，怆然泪下呢？这真使人低徊惆怅，欲语无言了。这也正是世人平凡的可爱！你说对吗？

马大师活用了教学法

南宗禅自慧能六祖以下，经青原行思和南岳怀让两位杰出弟子的作育，已经一反历来死困在经论义理中的传统，渐启中国佛法的光芒。自怀让大师再传到马祖的手里，以他禀赋博大闳深的气度，充分发挥了活用的教学法，更使极其高明深奥的佛法妙理，显现在平实无奇的日常应用之间，开放了中国文化特殊光芒的异彩。

《中庸》所说的"极高明而道中庸"。

《庄子》所谓的"道在矢溺"。

《维摩经》所说的"譬如高原陆地，不生莲花，卑湿淤泥，乃生此花"。

所谓中国文化儒、佛、道三家的密意，统统都在马祖的言行和举止中表达无遗了。

以下所说的,便是马祖教学法的机趣,由此可见中唐以后南宗禅在风格上的演变。

一颗大明珠

越州(广东省合浦县)大珠慧海禅师,俗姓朱,建州(福建省建瓯县)人,依越州大云寺道智和尚受业。

他初到江西,见了马祖,马祖便问他:"从哪里来?""越州大云寺来。"大珠答。"到这里准备做什么?"马祖问。"来求佛法。"大珠直截了当地说出来意。"你不肯回顾自己家里的宝藏,偏要抛家乱走到外面做什么?""我这里一样东西都没有,你要求什么佛法哪?"马祖一脸严肃的神气,嘴里说着话,目不转睛地看着他。年轻的大珠和尚愣住了,不知不觉地跪拜在马祖的面前说:"啊!什么是我慧海自己家里的宝藏呢?"

马祖的眼光更锐利地瞪着他说:

"就是你现在能够问我的。这本来就具足一切的,从不缺少什么,你要怎样使用它,不是都很自在吗?又何必向外面寻求个什么东西呢?"

大珠听了反躬自省,当下便体认了自己本来的心地,并不由于知觉和感觉,以及外界的反应而生。他心花怒放,高兴得跳起来,又很感激地跪下来多谢马祖指点迷津。

从此他心安理得，跟着马祖大师，侍奉了六年之久。因为他原来的受业师道智老和尚老迈年高，他不忍心不管他，就禀明了马祖，回到越州去奉养他的业师。

在这一段时间，大珠和尚深深韬晦他的成就，并不显露锋芒，从外表上看来，好像一个痴痴呆呆的大呆瓜似的。他默默地写出一篇心得报告的文章，命名为《顿悟入道要门论》。他的这一篇著作，被他的师侄玄晏偷走，拿到江西来给马祖看过了后，很高兴地告诉大家说："哈哈！越州有一颗大珠，圆光明透，自在无遮障处也！"

同学们听了有人知道大珠慧海和尚，俗家姓朱。马大师说大珠便是他。渐渐地就有许多人向他那里来找佛法了。大珠说："禅客们，我不会禅，没有一法可以告诉你们。不必要长久地站着等我传授些什么，大家还是自己去安歇吧！"

新语云：大珠和尚见马祖，只被他点出一语，便找到了自己本有的用之不尽、取之不竭的宝库。如此而已，他就写了一篇文章来消遣。无奈后世的学禅者，却捧着大珠的《顿悟入道要门论》死啃，咬文嚼字，一字一句地叫好连天，死死不放。真是使人笑掉了大牙。即使你能把《顿悟要门》倒背如流，其奈你的大珠早已漏到海底去了，有何用处？

虽然如此，大珠和尚真是一悟便休吗？不对！不对！你要知道，他还依止马大师六年，细细琢磨透了，才包裹起来，回到广东，装聋卖呆，老老实实地告诉人并没有什么东西。如果不能如此，你还是去读《顿悟入道要门论》吧！

不过，千万要记得，那只是一篇要走向禅门顿悟的"入道要门"，指出"心即是道"、"心即是佛"的前导。一落言诠，即非究竟。后世有些人，硬将此书抱本参禅，反把一颗明珠，碎成泥浆。可惜！可惜！

猎到一个弓箭手

马祖活用了机会教育法，就像唐代文化中诗的文学一样，充满了淳朴、弘大、性灵的美，一反历来宗教上呆板拘执的陈腐气息。他弘扬禅道的教育法真像一个大猎户，随处可以猎到人才，造就人才。例如：

抚州（江西）石巩慧藏禅师，未出家以前，是以打猎为生，素来最讨厌看到出家的人。有一天，追赶一队鹿群，经过马祖的住庵门口，马祖特地来堵着他。他问：

"和尚，你看到一群鹿过去吗？"

"你是什么人？"

"打猎的。"

马祖不答他的话，却反问说：

"那你会射箭吗？"

"当然会。"

"你一箭射几个?"

"一箭一个"。

马祖一副满不在乎的样子说:

"那你并不会射箭啊!"

"和尚,你也懂得射箭吗?"慧藏问。

"当然会。"

"那你一箭可以射几个呢?"

"一箭可以射一群。"马祖说得轻松自然。

慧藏便说:

"彼此都是生命,又何必一箭射它一群?"

马祖笑了:

"你既然知道彼此都是生命,那么,你为什么自己不射自己呢?"

慧藏说:

"如果要我自己射自己,实在无法下手!"

马祖看着他,哈哈大笑,笑得慧藏莫名其妙,只有呆呵呵地望着他笑。

他笑过了一阵,自言自语地对着慧藏说:

"这家伙!旷劫的无明、烦恼,今天总算顿时休息去了吧!"

慧藏被他一语惊醒了梦中人,当时就毁弃了弓箭,自己用刀来割断了头发,跟着马祖进庵,自求出家为僧了。

出家以后,他在厨房打杂。有一天,被马祖看到了,便问:

"你在做什么?"

慧藏说:

"牧牛么!"

"你怎样牧牛啊?"

"只要觉得它落草去了,便把它的鼻子扭转来。"慧藏答。

马祖说:"好!你会牧牛。"

慧藏听了,一句话也不说,自顾自地休息去了。

不离本行的猎手

有一次石巩慧藏问他的师兄西堂和尚:

"你还知道怎样捉住虚空吗?"

"知道。"西堂答。

"你怎样捉?"石巩问。

西堂便伸手作出捉虚空的姿势。

石巩说:"这样,哪里能捉得住虚空呢?"

"师兄!你怎样捉呢?"西堂问。

石巩便把西堂的鼻子用力地扭住,拖他过一边去。痛得西堂忍不住了,大声地说:

"太煞用力了,会把鼻子扭脱了的!"

"必须要这样捉虚空才得！"石巩笑着对西堂说。

新语云：现在一般学禅的人，只以为闭目默然，空心静坐便是禅，对此应痛自体会才对。

他追随马祖多年以后，才辞师独立，住在石巩，因此后世禅门，便称他为石巩禅师。他平常教人，什么佛啊！道啊！禅啊！都不用。只是张弓架箭接待来学的人。后来，年轻的三平和尚来看他。他架起了弓箭，大声地叫着，"看箭！"三平若无其事地敞开了胸膛说：

"这只是杀人之箭，还有活人的箭，怎样射呢？"

石巩不答他的问题，只扣了弓弦三下。三平当下便礼拜了下去。石巩却慨叹地说：

"三十年了！一张弓，两支箭，到如今，只射得了半个圣人。"他说完了，便把弓箭都拗断不用了。

后来三平再从大颠处参学，才有成就。所以石巩当时说他还只懂了一半。三平以后对人说："当时以为得便宜，现在才知道却输了便宜。"

新语云：试问，活人之箭，与扣弓弦三响，有何关系呢？

有一次，他问一个新到来学的和尚：

"你还带得那个来吗?"

"带来了。"

"在哪里?"石巩又问。

新来的和尚便弹指三声,石巩不再说什么。新来的和尚忍不住了,想一下再问:

"怎样可以免了生死呢?"

"要免做什么?"石巩答。

"那么怎样才能免得过呢?"新来的和尚再问。

"这个本来就是不生不死的嘛!"石巩答。

又是一颗明珠

由马祖造就出来的石巩慧藏禅师,真的只是个拉弓射箭的粗人吗?他还是一个文学的高手呢!他作了一首有名的诗《弄珠吟》:

"落落明珠耀百千,森罗万象镜中悬。光透三千越大千,四生六类一灵源。凡圣闻珠谁不羡,瞥起心求浑不见。对面看珠不动珠,寻珠逐物当时变。千般万般况珠喻,珠离百非超四句。只这珠生是不生,非为无生珠始住。如意珠,大圆镜,亦有人中唤作性。分身百亿我珠今,无始本净如今净。日用真珠是佛陀,何劳逐动浪波波。隐现到今无二相,对面看珠识得么?"

新语云：这便是禅宗祖师们，早已预言由"马驹"足下踏出来英才的一斑。作诗、弄文，固然无关禅道，但如果从性上自然地流露，也正与弹指之事相同，何妨起用。能文的便文，能武的便武，各守本分可也。如果说自己不会的，看了别人会的，硬说修禅的人，为什么还要作诗，这种观念如果不是器小量狭，那便是屙屎见解。换言之，学禅的人就不可以说话吗？

唐宋间与湖南有关的禅宗大德

近年以来，各地旅台人士，因思乡情切，发起刊行地方文献的运动。老友萧天石兄夫妇，寄给我四川文献与湖南文献各一份，并且还要催索文稿。

天石兄是湖南人，他的夫人是四川人。抗日期间，各地人士旅居四川的，大都有好几年的时间，比较居留长久一点的，对四川地方就有第二故乡之感。蜀中山水，经常会使人梦魂颠倒，我也便是其中的一个。对于湖南，在我而言，比较生疏得多。但是湖南的少数地方，总有些萍踪偶迹，留有少许的雪鸿爪印。至于湖南籍的朋友，几十年来，萍水他乡，虽然认识的也不少，但说到与地方文献有关的事，实在不多。因此天石兄要我写些有关湖南文献的资料，就无法应命。

但天石兄逼稿的本事真大，而且会派题目。今年春天，他来和我闲谈禅宗的史地关系。我说：隋、唐以后的南宗，除了广东曹溪以外，湖南与江西，应该算是禅宗的发祥地。而且它与唐宋间南方文化思想的因缘，正如春秋、战国时期南方文化的老、庄思想一样，影响之大，流传之广，实在惊人。他听了以后，硬要我写一篇有关"禅宗大德与湖南"的文章。并且约定一定要交卷。当时我就想到老子说的"多言数穷,不如守中"的名训,深悔自己的一时多言,被他抓到话柄。

我的俗事多,惰性又大,一拖再拖。始终未能下笔而且有关搜集资料,牵涉考据的事,更是平生最怕的事,所以始终没有提笔。天石兄下笔快,催稿的本事又大,而且优游林下,闲情逸致又多,加以左耳重听有年,装聋卖呆,常常上门催稿犹同逼债。因此,只好叫学生们相助,先行整辑有关湘中禅德的索引,予以发表。暂时定名为《唐宋间与湖南有关的禅宗大德索引表》。

本表系初步统计,暂从隋、唐间开始,到南宋绍兴间为止。包括五百余年间禅宗史事的要略。至于内容与说明,只好留待整理禅宗发展史或中国文化时再来补充了。

唐宋间与湖南有关的禅宗大德索引表

禅德名号	时代 年号	时代 公元	与湖南有关者	法系
南岳慧思禅师	梁天监十二年至陈太建九年	513—577	陈光大元年丁亥，公元567年自光州大苏山（今河南潢川县）将40余僧，径趋南岳，寄止十载，以迄入灭。	三祖天台宗
天台智禅师	梁大同三年至隋开皇十七年	537—597	荆州华容（今湖南华容县）陈氏子，得法于南岳慧思。	四祖
懒残禅师	唐天宝初	740前后	湖南衡岳寺执役僧。	未详
南岳怀让禅师	唐仪凤二年至天宝三年	677—744	开元元年，公元717年始往衡岳，居般若寺，金州（今陕西安康）杜氏子。	六祖下第一世
马祖道一禅师	唐景龙元年至贞元四年	708—788	开元中习定于衡岳传法院，遇让和尚发明大事。	南岳第一世
南岳石头希迁禅师	唐（周）圣历二年至贞元六年	699—790	天宝初荐之衡山南寺，寺之东有石状如台，乃结庵其上，时号石头和尚，端州高要（今江西高要）陈氏子。	六祖下第二世，青原第一世
湖南东寺如会禅师	唐天宝二年至长庆三年	743—823	居湖南东寺	
沣州茗溪道行禅师			沣州（今湖南沣县）	
潭州三角山总印禅师			潭州（今湖南长沙）	
五台山隐峰禅师			冬居衡岳，夏止清凉。	以上皆为南岳第二世
南岳西园昙藏禅师			唐贞元二年遁居衡岳之绝顶，寻以足疾移止西园。	
潭州华林善觉禅师			潭州（今湖南长沙）	
潭州秀溪和尚			潭州（今湖南长沙）	
潭州龙山和尚			同上	
襄州居士庞蕴			衡州衡阳县人	

(续表)

禅德名号	时代		与湖南有关者	法系
	年号	公元		
沣州药山唯俨禅师	唐天宝九年至太和八年	750—834	绛州（今山西省新绛县）韩氏子，年十七出家，唐大历八年纳戒于衡岳希操律师，后谒石头密领玄旨，居沣州药山。	以上皆为青原第二世
潭州大川和尚			潭州（今湖南长沙）	
潭州长髭旷禅师			同上	
潭州抬提慧朗禅师			同上	
长沙兴国寺振朗禅师			同上	
潭州大同济禅师			潭州（今湖南长沙）	
潭州石霜性空禅师			同上	以上皆南岳第三世
湖南长沙景岑抬贤禅师			同上	
湖南上林戒灵禅师			同上	
湖南祇林和尚			湖南	
潭州沩山灵佑禅师	唐大历五年至大中七年	770—853	沩山在湖南宁乡县西	南岳三世南岳四世（合称沩仰宗）
袁州仰山慧寂通智禅师	唐大历五年至大中七年	770—853	得法于沩山灵佑禅师	
潭州道吾山宗（圆）智禅师	唐大历三年至太和九年	768—835	潭州（今湖南长沙）	青原第三世
潭州灵岩昙晟禅师	唐建中二年至会昌元年	781—841	潭州（今湖南长沙）	以上皆青原三世长髭旷嗣
沣州高沙弥			沣州（今湖南沣县）	
潭州石室善道禅师			潭州（今湖南长沙）	

123

(续表)

禅德名号	时代 年号	时代 公元	与湖南有关者	法系
潭州石霜庆诸禅师	唐元和元年至文德元年	806—888	潭州石霜山（今湖南长沙境）师庐陵新淦陈氏子	道吾山圆智嗣
潭州渐源仲兴禅师			潭州（今湖南长沙）	
鼎州德山宣鉴禅师	唐大历十四年至咸通六年	779—865	鼎州（今湖南常德县）	青原四世龙潭崇信嗣
沣州龙潭崇信禅师			沣州（今湖南沣县）	青南三世天皇嗣
沣州夹山善会禅师	唐贞元二十年至中和元年	804—881	出家受戒于潭州龙山	青原四世船子诚嗣
沣州洛浦山元安禅师	唐太和七年至光化元年	833—893	沣州（今湖南沣县）	青原五世夹山善会嗣
沣州钦山文邃禅师			同上	洞山嗣
潭州云盖山志元圆净禅师			潭州（今湖南长沙）	石霜嗣
潭州龙牙山居遁证空禅师	唐太和八年至五代梁龙德三年	834—923	受湖南马氏之请住龙牙山妙济禅苑	洞山嗣
鼎州德山缘密禅师			鼎州（今湖南常德县）	黄龙
岳州巴陵新开院颢鉴禅师			岳州巴陵（今湖南岳阳县）	
潭州神鼎洪諲禅师			潭州（今湖南长沙）	
潭州北禅智贤禅师			同上	以上皆为黄龙法系
潭州石霜楚圆慈明禅师			潭州（今湖南长沙）	
南岳芭蕉庵大道谷泉禅师			南岳	
潭州兴化绍铣禅师			潭州兴化（今湖南兴化县）	

(续表)

禅德名号	时代		与湖南有关者	法 系
	年 号	公元		
潭州道吾悟真禅师			湖南境内	以上皆为黄龙法系
南岳云峰文悦禅师			湖南境内南昌徐氏子	
潭州云盖守智禅师	生年未详至政和五年		湖南境内	
潭州隆兴府泐潭洪英禅师			同上	
舒州白云守端禅师			衡阳葛氏子幼事翰墨，依茶陵郁禅师披剃。	
潭州大沩慕吉真如禅师			潭州（今湖南境内）	
南岳石头怀志庵主			南岳（湖南境内）	
衡州华药智朋禅师			衡州（今湖南境内辖衡阳、清泉等七县）	
潭州上封佛心才禅师			潭州（今湖南境内）	
潭州法轮应端禅师			同上	
潭州大沩佛性法泰禅师			同上	
潭州龙牙智才禅师	生年未详至宋绍兴八年	？—1138	同上	
鼎州梁山缘观禅师			鼎州（今湖南常德县）	

南宗禅在唐初的茁壮

人地固分南北，佛性岂有东西？这是南宗六祖慧能大师对答五祖的语意。形而上的体性，固然没有东西之别，但当它形成现象，与时间、空间发生了关系，自然便有东西南北的差异了。由此看世界文化的分野，也自然有南北之别了，每个大小区域的文化，乃至宗教的文化，均难以超越此例。

佛教原在印度的本土，也不例外。早期的佛法，生根发扬于印度的中部和北部。自释迦寂灭以后，宗派异说分歧，各自建立门庭，区域畛分，也是当然的现象。到了后期佛学时期，吾道南行，便有流传于南印一带的南传佛法了。

自汉末传入中国的佛教，初由印度北部经天山南北进入中国境内，经历魏、晋、南北朝四五百年之间，犹如当时中国的割据局面一样，盘踞要津，也都在黄河上游的南北区域。

自东晋南渡以后，经宋、齐、梁、陈而到隋代，才逐渐推广到长江以南。

至于南印佛法的传入广东，则是初唐以后的事。

可是，当时中国的文化重心和佛教的中心区域，仍然汇聚在中原地带，尤以唐代的首都长安为最盛。

从地缘关系看文化气运的发展，无论任何地区，任何时代，都有南北东西的异同。

大致说来，北方的文化气质，多半偏向于质朴、雄浑，南方则偏向于虚灵、飘逸。

隋、唐以后，中国文化由北向南开展，所以佛教文化的机运，也随例而南。这恰如庄子所谓：北溟有鱼，化而为鹏，"海运则将徙于南溟也"，非常巧合而有趣。

南行禅道落在江湖

初唐时代的佛教与佛学，经过唐太宗、高宗两代之后，正是禅宗五祖与六祖的衔接时期。

同时又正当玄奘法师从印度留学回国，大量翻译佛经，大事弘扬唯识法相之学，因此佛教的义理之学，在此时期，已达巅峰。风气所及的重要区域，如唐代政治中心的长安及中原地带，上至名公巨卿，下及贩夫走卒，都融会于东晋以来鸠摩罗什般若佛学的体系，与玄奘法师所传法相学说的义海。

中国佛学十宗派的崛起，也正在此际鼎盛一时。

但其中注重真修实证的宗门，别如天台、华严两大家，都受到禅宗的影响，大多避开名利的竞争与尘嚣的烦扰，而向长江以南较为隐僻的地方延伸发展。禅宗的五祖弘忍大师当时说:"吾道南矣。"把他的语意推广来讲,岂止禅道南行,其他的佛法,又何尝不如此呢!

一个真正学禅的人,对于名利嗜欲,毕竟是味同嚼蜡,假使他还有钟鼎朝市的贪恋,恐怕除了神会和尚的别有用意以外,谁都没有这种多余的心情。

禅的境界中别有天地,绝非俗情所能推想得到。

游心禅境,既然需要有清闲寂然的环境,因此六祖便有"叶落归根"的安排,始终安老于岭南的清静境中。但他门下的再传弟子,便多散处于江(西)湖(南)的崇山峻岭之间,自取世外之乐。尤以当时的南岳衡山,为最理想的环境。

奠基南宗的两大柱石

如果说自唐代以后,中国的禅宗,真有南北顿渐两宗的分别,问题并不在慧能六祖与神秀大师两人。

硬要加在六祖的最小弟子神会(菏泽)身上,那也是后世乱加推测的事。所谓"欲加之罪,何患无辞"。

严格地讨论这个问题,唐代的禅,有南北顿渐两宗之分,应该从六祖的得意弟子,南岳怀让和吉州(江西)青原行思两人开始。

可是南岳怀让和青原行思两人,起初又都是嵩山(河南)慧安国师的及门弟子。慧安禅师又是黄梅(湖北)五祖弘忍大师的得法弟子，算起来还正是六祖的师兄呢！

由慧安国师与六祖两位大匠作育出来的不世之才，不但深得禅的精髓，同时又更发挥作育人才的高明教授法，因此造就了后来马祖道一禅师——怀让大师的得意弟子。

南岳怀让禅师本姓杜，金州（陕西安康县）人。唐高宗仪凤二年（公元六七七年）生。

他在幼童的时期，从十岁开始，便只喜欢读佛学的经典。当时有位玄静三藏和尚，对他的父母说：此子若出家，必定能获得最上乘的佛法。

到了唐武后垂拱四年（公元六八八年）以后，十五岁时，他便依荆州玉泉寺的恒景律师出家了。过了十年，正当通天元年（公元六九六年）正式受了戒，专心学习佛教的戒律。

到了武后久视元年（公元七〇〇年），有一天他很感慨地说："我受戒，今经五夏，广学威仪而严有表，欲思真理而难契当"，"夫出家者，当为无为法，天上人间，无有胜者。"因此便与同学僧坦然和尚，作伴到嵩山去见慧安国师。

让师与坦然见到了安国师，国师那时已经很老了。有一次，他们问安国师说："如何是祖师（达摩）西来意？"安国师说："何不问自己意？"因此又问："如何是自己意？"安国师说："当观密作用。"又问："如何是密作用？"

安国师把眼睛对他们一开一合。

坦然和尚当下就有所明白，得到了究竟的归宿之处。（当心，明白什么？）

怀让禅师则到广东曹溪去见六祖。六祖便问他："哪里来？"他说："从嵩山来。"六祖说："什么物？怎么（怎样）来？"他答不出来。从六祖处学了八年，才恍然有省。他对六祖说："说似一物即不中（说它像一个东西便不对了）。"六祖："还可修证否？"他说："修证即不无（不能说不用修证），污染即不得（但不修证，就说被染污了，那也是不对的）。"六祖说："只此不污染，诸佛之所护念。汝既如是。吾亦如是。西方般若多罗祖师的预言说：从你的足下，出一马驹，踏杀天下人。应在汝心，不须速说。"

在曹溪侍奉六祖又过了十五年，到了唐玄宗的开元二年（公元七一四年），他才又到南岳衡山，寄住在般若寺。那时，距离安国师寂灭后七年——安国师活到一百二十八岁才寂灭。——以上年代，各种资料，均有出入，现在姑以《祖堂集》作根据，参合来讲。

行思禅师

从小就出家为僧的行思禅师，俗姓刘，庐陵（江西）人。自从曹溪得意以后，便住在江西吉州青原山的静居寺，因此又叫他为青原禅师。他初见六祖的时候，有一天问六祖说："应当怎样做，才不落在级次中（佛学显教中进修圣贤程序的阶次)?"六祖说:"你曾作什么来?"他说:"圣谛亦不为(圣人的境界也不为)。"六祖便说:"那么,你落在什么阶级?"他说:"圣谛尚不为,何阶级之有?"六祖因此便深深地器重他,叫他带领大众,作弟子们的首座。他在开元二十八年(公元七四〇年)圆寂。

新语云:看了这两则公案的故事,要注意两点。

(一)慧安国师的教育态度:怀让与坦然二师同时向他参究,坦然能够当下领会到,便知归休。当时怀让还没有懂,他便叫他去曹溪见六祖慧能大师。因材施教,各有因缘,绝不加以丝毫的勉强。

(二)怀让禅师,自十五岁出家学道,在年轻的时候,即努力苦修戒定,绝非一日也未治心修学,便得到言下顿悟的狂禅可比。后来见到六祖,从他参学了八年。在这八年中,更非只是悠悠荡荡,空闲地过日子,便可叫做学禅。到了他有所领悟以后,还依止六祖侍从了十五年,才离开住在南岳的般若寺。在这样漫长的三十年来的修学时光,他并非毫无修证就说已能禅道了。

现在一般研究禅宗的人,看看公案、语录,欣赏一下那些机锋上的奇言妙语,认为禅便是如此而已,真有不知所云之感。

再说,行思禅师从小出家学道,经过六祖的作育以后,在曹溪作首座弟子多年,才有后来的成就。总之,禅重在真参实证,真参实悟。如果在意识心境上,约略有些浮光掠影,便自认为是悟道了,那只好让你去自误了!

初唐时期的文化大势

自唐太宗贞观初期(公元六四〇年),直到玄宗天宝(公元七五〇年)前后的一百多年间,正是唐代文化的奠基和建立时期。大体说来,政治走上轨道,社会安定,农业社会的良好经济制度,也已有了稳定的基础。对外虽有部分的战争,但都在边陲一带,因为交通不便,音闻困难,所以并未影响国内。一个资源丰富、幅员辽阔的大陆国家,如有半个世纪以上的安定,每户人家经三代的勤劳努力,个个安居乐业,自然可想而知它的繁荣状况。王摩诘所谓的"九天阊阖开宫殿,万国衣冠拜冕旒",那应该是初唐盛世的写实,并非虚构。

在这样的一个时代中,同时经唐太宗采用隋朝以来的考试取士规模,确立了"进士"出身的考试制度,他自诩谓"天下英雄,尽入彀中",洋洋得意。事实上,也值得他得意,因为天下安定,第一流智力的人才,只有趋向于文学的造诣而求取功名富贵了。

唐代文运的发达,与两汉的成就,又有不同的精神。

甚至，还可以说远胜两汉。但无论在任何时代中，智力才勇之士满足或不满足与生活攸关的功名富贵以外，只要一安静下来，或受到某种因素的刺激，就进而有在现实思想学术之中，追求形而上的要求，这是必然的趋势。尤其在安定的社会中，更会产生追求现实世界以外的遐思。因此初唐时期，除了文运的发展，佛学风气的勃兴，取代两晋南北朝以来"玄学"的研究，也是事有必至，势有固然。

其中自高宗以后，虽有武后掌握政权的一段变故，只是属于宫闱内政的变乱，并未动摇国本。到了玄宗时代，又有安禄山一段变乱，好在为时不久，又告平定。而且武后与玄宗的性格，不但爱好文学，又都是倾向于形上学和神秘学的好奇者。直接或间接对于佛学的培养，都是莫大的助缘。

唐初中国佛学的茁壮

律　宗：有南山道宣律师为其翘楚。

天台宗：盛行于初唐到中唐时期。

华严宗：贤首（法藏）和尚与清凉（澄观）国师，先后相继执持牛耳。约自显庆时期（公元六六〇年）到开成（公元八四〇年）年间。至于圭峰（宗密）大师，已属晚唐间事。

密　宗：号称开元三大士的善无畏、金刚智、不空三藏,都在此时跃登宝座,深受玄宗的信仰。这时善无畏和金刚智的东来,都从南海的广东方面登陆。

净土宗:由东晋以来,一直普入民间。

禅　宗:南能北秀的顿渐之说,也普遍流传,已非梁、隋时代的隐隐约约,欲说还休的情况。

此外,在佛学方面,为禅净各宗所信奉的《楞严经》,也自初唐时期,从广东方面传译到中国。

中国佛学的著作和分科判教(分析和归纳)的研究方法,也从此建立而兴盛。

这时,韩愈的辟佛,李翱著的《复性书》都还没有开始。

讲学的讲学,修证的修证,佛教和佛学的光芒,真是普遍盖覆了东方的天下。

后世中国佛教源远流长的功德,也可以说都是靠唐代佛教大师们的力量。前人种树,后人乘凉。今天凡是讲中国文化的,大致仍是托庇于祖宗的余荫,真是无限感慨系之。

一砖头打出来的宗师

在这样的文化潮流中,有人摆脱了文字学术的缰锁,融会了中印文化的大系,陶铸了浩如烟海的经谕和疏钞,脱开文人学士的习气,只以民间平凡的语句动作,沟通了形上形下的妙谛，综合了儒、道、佛三家的要旨，这实在是南宗禅的创作。

这个创作，固然由慧能六祖开其先河，但继之而来的，应该便是怀让禅师的杰作了。他用一块砖头塑造出一个旷代的宗师——马祖。

事情的经过是这样的：

怀让禅师退居到南岳以后，看到山中一个年轻的和尚，天天在坐禅——那个时候，并没有什么参话头的事。所谓坐禅，是小乘禅观的传统方法和止观法门的流绪。

怀让禅师大概是把六祖转告他印度般若多罗祖师的预言，牢记在心。所以也一心一意在找要经他手造就出来的得意弟子。

他看了这个年轻和尚一表人才，专心向道的志气可嘉，认为他就是可造之才了。因此拿了一块砖头，当着他打坐的地方，天天去磨砖。

年轻的马祖和尚好奇了，他看了几天，觉得这个老和尚很奇怪，为什么要天天来磨砖头呢？便开口问他说："老和尚，你磨砖做什么啊？"

"磨砖为了做个镜子用。"老和尚答。

"真好玩！砖头哪里可能磨成镜子用呢？"马祖有点怜悯老和尚的愚痴了。

老和尚说："噢！你在这里做什么啊？""打坐。"年轻的马祖，很干脆地回答。

"打坐做什么啊?"老和尚问。

马祖说:"打坐为了要成佛。"

老和尚笑了,笑得很开心。马祖被他笑得莫名其妙,瞪着眼睛看老和尚。

老和尚说:"你既然说磨砖不能做镜,那么打坐怎么可以成佛呢?"

马祖迷惘了!便很恭敬地问老和尚:"那么,怎样才对呢?"

老和尚说:"譬如一辆牛车,要走要停的时候,你说:应该打牛?应该打车?"

这一棒,打醒了年轻马祖的迷梦。

身子等于是一部车,心里的思想等于是拖车的牛。打坐不动,好像车子是刹住了,可是牛还是不就范地在心中乱跳。那坐死了有什么用?

在这里,附带说一个同样性质,不同作用的故事,也便是怀让禅师磨砖作镜的翻版文章,在中国的花边文学上,也是一个著名的公案。《潜确类书》记载:李白少年的时候,路上碰到一个老太婆,很专心地磨一支铁杵。他好奇地问她作什么用?老太婆告诉他是为了作针用。李白因此心有所感,便发愤求学,才有后来的成就。俗话所谓:"只要工夫深,铁杵磨成针。"便由此而来。

南岳怀让轻轻易易地运用了"磨砖作镜",表达了南宗禅的教授法和佛学精要的革新作风,开启了后来马祖一生的"直指人心，见性成佛"的特殊风格。真是妙绝。你说他是启发式的教育也好，刺激也好，教训也好，那都由人自闹，自去加盐加醋吧！

马祖的悟道，真的只凭这样一个譬喻就行吗？不然！怀让大师这一作为，只是点醒他当头棒喝的开始。接着，他更进一步，要唤醒他的执迷不悟，便又向马祖说："你为学坐禅？为学坐佛？若学坐禅，禅非坐卧。若学坐佛，佛非定相。于法无住，不可取舍，何为之乎（你要怎么办）？汝若坐佛，却是杀佛。佛若执坐相，非解脱理也。"

让大师说到这里，青年的马祖和尚实在坐不住了，便从座位上站起来，正式礼拜请问："怎样用心，才契合于无相三昧？"

让大师说："你学心地法门，犹如下种。我说法譬如下雨。你缘合，故当见道。"

马祖问："老和尚，你说的见道，见个什么道啊？道并非色相，怎样才见得到呢？"

让大师说："心地法眼，能见于道，道本来便是无相三昧，也是从心地法门自见其道的。"

"那有成有坏吗？"

让大师说："若契于道，无始无终，不成不坏，不聚不散，不长不短，不静不乱，不急不缓。如果由此理会得透彻，应当名之为道。"

同时，他又说了一个偈语："心地含诸种，遇泽悉皆萌。三昧花无相,何坏复何成!"

新语云:自汉末、魏、晋、南北朝到盛唐之间四五百年来的佛教,无论哪个宗派,只要注重实证的佛法,唯一的法门,都是以"制心一处"、"心缘一念"的禅观为主。

但一念专一,是不是治心的究竟?清净是否就是心的本然?还是一个极大的问题。虽然有了后来"般若"、"唯识"等大乘的经论教理加以解说,但要融汇大小乘的实证法门,在当时,除了达摩禅以外,实在还无其他更好的捷径。

马祖的出家学佛,也是从学习禅静而求佛道,那是正常的风规,一点没错。但一涉及融会大小乘佛法的心印,就需要有让大师"点铁成金"的一着而后可。让大师力辟以静坐为禅道的错误,完全和六祖的作风一样,这是对当时求道修证之徒的针砭,可是后世的学者,一点静坐工夫都没有,便拿坐禅非道的口头禅以自解嘲,绝对是自误而非自悟。俗语说"莫把鸡毛当令箭"固然不错。但把令箭当鸡毛的结果,尤其糟糕。

至于究竟如何,才如马祖所问"契合于无相三昧的真谛"呢?且看下面一段问答。

另有一位大德问怀让大师说:"如果把铜镜熔铸成人像以后,镜的原来光明到哪里去了?"

让大师答:"譬如你作童子时候的相貌,现在到哪里去了?"

又问:"那么,何以铸成了人像以后,不如以前那样,可照明了呢?"让大师答:"虽然不会照明,但一点也谩他不得!"

附　录

禅的幽默

禅的幽默系译自《笑禅录》。潘游龙原著的《笑禅录》，是用禅家的手法，列举古代的公案，重新参证。他用"笑"字的标题，是以轻松诙谐的姿态出现，要使人在一笑之间，悟到理趣，与金圣叹的谈禅方式，又别成一格。可惜胡适之不懂禅学，结果误会《笑禅录》是一部鄙视禅宗的书，所以引用它"打即不打，不打即打"来诬蔑禅宗，反倒值得一笑了。

一

有一天，遵布衲师在清洗佛像，有人问："这个被你这么清洗，能洗出那个（指佛性）来么？"遵布衲从容答说："你把那个拿来我瞧瞧。"

《笑禅录》云：

有一个人走在路上，肚子饿了，想骗碗饭吃，就到一家门口说："我能把破了的针鼻孔补起来，只要你们给我些饭吃就好。"那家人听了，就端出饭菜，又找了好些针孔破缺了的针出来。这位过路人安安稳稳地吃饱后，就一本正经地说:"你们把缺了的那边针鼻子拿来,我要动手补了。"

颂曰:

那个那个,快去寻取,有垢则浴,有破则补。

若还寻不出来,我亦茫茫无主。

二

有一回舍多那尊者正要进鸠摩罗多的房间,罗多把门关了起来。舍多那在门外站了半天,房门还没打开,于是在门上敲几下,罗多说:"屋里没人。"舍多那问:"说没人的是谁?"

《笑禅录》云:黄昏时分,有个秀才,看看附近没有旅店可以过夜,就到路边一户人家,想借宿一夜。那家正好只有一个妇人,站在门内说:"对不起,我们家没有人。"秀才说:"有你!"妇人急着说:"我家没男人。"秀才说:"有我!"

颂曰:

舍内分明有个人,无端答应自相亲。

扣门借宿非他也,尔我原来是一身。

三

临济对大众说:"在我们这个肉团身上,有个居止无定位的真人,常常从头面上出入,你们没见过的,好好瞧瞧。"

有个出家人问:"居止无定位的真人是什么?"临济从禅床上下来,一把抓住这个人说:"说!说!"出家人正想开口,临济把手一放说:"没有一定方位的真人是什么干矢橛。"

《笑禅录》云:有个人晚上想在庙里借宿,就对里面的出家人说:"我有个世世用不尽的宝物,想送给贵寺,但愿你们不会嫌弃。"出家人便很热诚地留此人过夜,而且非常恭敬地招待他。第二天早上庙里的出家人找个话题,试探地问:"您那个世世用不尽的是什么东西?"这位仁兄慢条斯理地指着佛前一挂破竹帘:"用这个做剔油灯的棒子,可以世世用不尽。"

颂曰:

人人有个用不尽,说出那值半文钱。

无位真人何处是,一灯不灭最玄玄。

四

《楞严经》云:"纵灭一切见闻觉知,内守幽闲,犹为法尘分别影事。"

《笑禅录》云:

有个禅师教一斋公,摒除所有外缘,闭目静心打坐。结果,有一次坐到五更天快亮时,忽然想起某人某天借了一斗大麦没还。于是就叫醒斋婆说:"果然不错,禅师教我打坐太好了,否则这斗大麦就被人骗走了。"

颂曰:

兀坐静思陈麦帐,何曾讨得自如如。

若知诸相原非相,应物如同井辘轳。

五

《圆觉经》云:"此无明者非实有体,如梦中人梦时非无,及至于醒,了无所得。"

《笑禅录》云:

有个呆子,梦见拾到一匹白布,紧紧地抱着。天一亮,头没梳,脸没洗,就赶到染匠家,急急地嚷:"我有匹布,请你们染颜色。"染匠说:"你把布拿来。"这个呆子低头一看,才恍然大悟地说:"唉呀!不对,原来是我昨晚做的梦。"

颂曰:

这个人痴不当痴,有人梦布便缝衣。

更嗔布恶思罗绮,问是梦么答曰非。

六

《金刚经》云:"如来说有我者,则非有我。而凡夫之人以为有我。"

《笑禅录》云:

有个夏天,一个秀才到庙中参拜某禅师,禅师坐着不起,秀才不以为然地问他是何道理,这位禅师答:"我不起身便是起身。"秀才听后,拿扇子往禅师头上打了下去。禅师挨这一打,极为懊恼,责问秀才。秀才面有得色地说:"我打你就是不打你。"

颂曰:

有我即无我,不起即是起。起来相见有何妨,而我见性尚无止。

秀才们,禅和子,那个真是自如如,莫弄嘴头禅而已。

七

有人问药山禅师:"怎么样才能不被外境迷惑?"药山说:"任由外境来去,有什么关系?"回说:"不会。"药山就说:"什么外境使你迷惑?"

《笑禅录》云:

许多少年聚在一块儿喝酒,同时还有歌妓陪坐,其中只有首座上的一位长者,闭眉闭眼,规规矩矩地正襟危坐,不理会周围的嬉闹。酒会散后,歌妓向他索取酬赏,长者拂衣而起,生气地说:"我根本连正眼都没有看你呀!"歌妓一听,用手抓着他说:"眼睛看的算什么?闭着眼睛想的,才更厉害!"

颂曰:

水浇鸭背风过树,佛子宜作如是观。

何妨对境心数起,闭目不窥一公案。

八

《起信论》云:"迷人依方故迷,若离于方,则无有迷,众生亦尔。"

《笑禅录》云:

某县里有个罗文学,想坐船顺流到荆州,于是叫一个傻佣人摇桨,但是这个佣人却说:"我不摇第一把桨。"文学听了觉得非常不解,傻佣人解释道:"我怕不认得路。"

颂曰:

岸夹轻舟行似驰,只因方所自生疑。

海天空阔无人境,星落风平去问谁。

又曰:

但得艄公把柁正,何愁荡桨不悠悠。

任他风雨和江涌,稳坐船头看浪头。

九

有位比丘问大隋:"什么是我自己?"隋说:"就是我

自己呀！"比丘又追问："什么是和尚您自己的呢？"答道："就是你自己。"

《笑禅录》云：

有位少年喜欢说反话，一天，骑着马向隔壁的老先生讨酒喝，这位老先生说："我有斗酒，可惜没有下酒的菜。"少年说："把我的马杀掉不就行了。"老先生关心地问："那您骑什么呢？"少年胸有成竹地指指地下的鸡说："骑它。"老先生颇觉尴尬地说："唉！有鸡可杀，可惜没柴可煮。"少年又酒脱地说："把我这件布衫脱去当柴烧！"老先生又奇怪地问："那您穿什么呢？"少年从容地指着篱笆道："穿它！"

颂曰：

指鸡说马，指衫说篱。谁穿谁煮，谁杀谁骑。参！参！如何是自己？当面不语时。

十

《坛经》云："诸佛妙理，非关文字。"

《笑禅录》云：

有位道学先生教人家，只要深切体会得一两句孔子的话，便终生受用不尽。有位少年一听，就向前对这位先生作礼说道："我对孔子的两句话有会于心，念念于怀，觉得非常贴切，而大有心广体胖之效。"先生问："是哪两句？"

答道:"食不厌精,脍不厌细。"

颂曰:

自有诸佛妙义,莫拘孔子定本。

若问言下参求,非徒无益反损。

十一

睦州禅师曾问一秀才:"您研究哪一种经论?"秀才答:"《易经》。"睦州于是说:"《易经》中说'百姓日用而不知',请问您到底不知什么?"秀才:"不知其道。"睦州:"那么道又是什么?"

《笑禅录》云:

有个和尚和许多朋友聚在一块儿谈心,和尚问:"音字底下加一个心字,是什么?"座中有人说:"我生平从来没见过这个字。"另有人说:"曾经在一本古书上看过。"还有人说:"常看到这个字,只是现在怎么也想不起来了。"也有人用手在桌上画着说:"一定没有这个字。"后来这位和尚将谜底揭穿,引起哄堂大笑。

颂曰:

最平常是最神奇,说出悬空人不知。

好笑纷纷求道者,意中疑是又疑非。

十二

云芝再度拜见翠岩,恳请准予入室求道。翠岩说:"佛法是不怕烂坏的。现在天气这么冷,你烧炭去吧!"

《笑禅录》云:

老山宁长者离城有两百多里。有一个冬天,大雪纷飞,他一大清早就起身,披着皮裘准备上马。有个叫供耕的老佣人,蓬散着头发,拉着马走上前来,舌头僵硬地问:"天气这么冷,您今天又打算到哪儿去呀?"长者:"我要去两程祠堂的大会上讲学。"老佣人说:"那我也要去听听。"长者斥责道:"你懂得听什么学?"老佣人就用手指指腰下面说:"我也去听听道理,到了冬天腊月时,该有裤子穿了吧?"

颂曰:

冷时烧炭并穿裩,这是修行吃紧人。

朴朴桔桔何为也,空向丛林走一生。

十三

桂琛禅师看见一个和尚走来,便举起拂麈,和尚一见,作礼赞叹:"谢谢和尚指示。"桂琛说:"我成天用它扫床扫地。为什么你就不说谢谢和尚指示?"

《笑禅录》云:

有个老学究训诫学生,不可出门乱跑,有一天又对学生们说:"你们别乱跑着玩,我去讲学给后生们听。"有个学生就出来问:"先生每天在学堂里到底讲的是什么?现在怎么又要出门去讲学呢?"

颂曰:

那时不在指禅机,何必赞礼竖拂子。

好笑峨冠赴讲堂,良知良知而已矣。

十四

崔相国走入大殿,看见一只小鸟在佛的头上拉屎,于是问如会禅师:"一切众生都有佛性,为什么这只鸟在佛头上拉屎?"如会答:"你放心,它再怎么也不会到鹞子头上拉屎。"

《笑禅录》云:

有批大盗晚上去抢劫一家人,那家人害怕得跪在地上连连磕头,请"大王"饶命。大盗说:"什么大王!叫我们好汉才是。"话没说完,远远传来几声鸡鸣,众好汉忙不迭地骑马而逃。一个家人站起身来,拍拍衣服,朝外喊着:"好汉,好汉,吃了早饭再走罢!"

颂曰:

盗怕天明雀怕鹞,可知佛性通诸窍。

若分恶类与禽兽，大地众生皆不肖。

十五

《楞伽经》云："观察世妄想，如幻梦芭蕉，虽有贪嗔痴，而实无有。人从爱生，诸阴有皆如幻梦。"

《笑禅录》云：

有个人忧心忡忡地对朋友说："我昨晚在梦里大哭，这一定是个不吉祥的兆头。"他朋友打哈哈地说："没关系，晚上在梦里大哭，白天就会大笑。"那人一听，反问："果真如此，那么，晚上梦见有我在哭，白天岂不就无我在笑了吗？"

颂曰：

梦时有我哭，醒时无我笑。
贪嗔痴何在，正好自观照。

十六

有个和尚对雪峰禅师说："请师父将佛法指示给我。"雪峰说："你说什么东西？"

《笑禅录》云：

甲、乙两个朋友，交情很好。有一天，甲忽然病了，痛苦万分。乙焦急万状，关切地问："你得了什么病？需要点什么？我一定尽力而为。"甲说："我得了缺钱病，只要一些钱,就行了。"乙听后,满脸没听清楚的样子,停了一会儿说:"你说什么?"

颂曰:

黄金贵似佛法,佛法贵似黄金。

觅时了不可得,吾已与汝安心。

十七

盘山宝积禅师走在市场上,看到一个人买猪肉时对屠夫说:"精的割一斤来。"屠夫一听,放下屠刀,叉着手说:"长史,哪个不是精的?"

《笑禅录》云:

有位朋友劝一个监生读书,这位监生因此就关着门用功。几天后,出来向这位朋友道谢说:"果然书是该读的,从前我一直以为书是写的,现在才知道原来是印的。"

颂曰:

个个是精,心心有印。放下屠刀证菩提,揭开书本悟性命。咄!不烦阅藏参禅,即此授记已竟。

十八

有人问龙牙禅师:"古人得到个什么,就休去了呢?"龙牙回道:"好比一个小偷进了一间空屋。"

《笑禅录》云：

有个小偷晚上钻进一户穷人家，结果没东西可拿，正开门准备出去。这时睡在床上的穷人叫起来了："喂！那个家伙，给我关上门再走。"小偷说："你这家伙怎么这么懒，难怪你家里一点东西都没有。"穷人说："难道要我辛辛苦苦，赚来让你偷吗？"

颂曰：
本来无一物，何事惹贼入。
纵使多珍宝，劫去还空室。

南怀瑾先生著述目录

1. 禅海蠡测　　（一九五五）
2. 楞严大义今释　　（一九六〇）
3. 楞伽大义今释　　（一九六五）
4. 禅与道概论　　（一九六八）
5. 维摩精舍丛书　　（一九七〇）
6. 静坐修道与长生不老　　（一九七三）
7. 禅话　　（一九七三）
8. 习禅录影　　（一九七六）
9. 论语别裁（上）　　（一九七六）
10. 论语别裁（下）　　（一九七六）
11. 新旧的一代　　（一九七七）
12. 定慧初修　　（一九八三）
13. 金粟轩诗词楹联诗话合编　　（一九八四）
14. 孟子旁通　　（一九八四）
15. 历史的经验　　（一九八五）
16. 道家密宗与东方神秘学　　（一九八五）
17. 习禅散记　　（一九八六）

18. 中国文化泛言（原名"序集"） （一九八六）
19. 一个学佛者的基本信念 （一九八六）
20. 禅观正脉研究 （一九八六）
21. 老子他说 （一九八七）
22. 易经杂说 （一九八七）
23. 中国佛教发展史略述 （一九八七）
24. 中国道教发展史略述 （一九八七）
25. 金粟轩纪年诗初集 （一九八七）
26. 如何修证佛法 （一九八九）
27. 易经系传别讲（上传） （一九九一）
28. 易经系传别讲（下传） （一九九一）
29. 圆觉经略说 （一九九二）
30. 金刚经说什么 （一九九二）
31. 药师经的济世观 （一九九五）
32. 原本大学微言（上） （一九九八）
33. 原本大学微言（下） （一九九八）
34. 现代学佛者修证对话（上） （二〇〇三）
35. 现代学佛者修证对话（下） （二〇〇四）
36. 花雨满天　维摩说法（上下册） （二〇〇五）
37. 庄子諵譁（上下册） （二〇〇六）
38. 南怀瑾与彼得·圣吉 （二〇〇六）
39. 南怀瑾讲演录二〇〇四—二〇〇六 （二〇〇七）
40. 与国际跨领域领导人谈话 （二〇〇七）

41. 人生的起点和终站　（二〇〇七）
42. 答问青壮年参禅者　（二〇〇七）
43. 小言黄帝内经与生命科学　（二〇〇八）
44. 禅与生命的认知初讲　（二〇〇八）
45. 漫谈中国文化　（二〇〇八）
46. 我说参同契（上册）　（二〇〇九）
47. 我说参同契（中册）　（二〇〇九）
48. 我说参同契（下册）　（二〇〇九）
49. 老子他说续集　（二〇〇九）
50. 列子臆说（上册）　（二〇一〇）
51. 列子臆说（中册）　（二〇一〇）
52. 列子臆说（下册）　（二〇一〇）
53. 孟子与公孙丑　（二〇一一）
54. 瑜伽师地论　声闻地讲录（上册）　（二〇一二）
55. 瑜伽师地论　声闻地讲录（下册）　（二〇一二）
56. 廿一世纪初的前言后语（上册）　（二〇一二）
57. 廿一世纪初的前言后语（下册）　（二〇一二）
58. 孟子与离娄　（二〇一二）
59. 孟子与万章　（二〇一二）
60. 宗镜录略讲（卷一至五）　（二〇一三至二〇一五）
61. 南怀瑾禅学讲座（上）　（二〇一七）
62. 南怀瑾禅学讲座（下）　（二〇一七）

图书在版编目(CIP)数据

禅话/南怀瑾著述. —2 版. —上海:复旦大学出版社,2002.6(2020.1 重印)
ISBN 978-7-309-03245-1

Ⅰ. 禅… Ⅱ. 南… Ⅲ. 禅宗-研究 Ⅳ. B946.5

中国版本图书馆 CIP 数据核字(2002)第 038988 号

禅话(第二版)
南怀瑾 著述
责任编辑/陈士强 邵 丹

复旦大学出版社有限公司出版发行
上海市国权路 579 号 邮编:200433
网址:fupnet@fudanpress.com http://www.fudanpress.com
门市零售:86-21-65642857 团体订购:86-21-65118853
外埠邮购:86-21-65109143
上海四维数字图文有限公司

开本 850×1168 1/32 印张 5.125 字数 90 千
2020 年 1 月第 2 版第 17 次印刷
印数 79 601—84 700

ISBN 978-7-309-03245-1/B·177
定价:14.00 元

如有印装质量问题,请向复旦大学出版社有限公司发行部调换。
版权所有 侵权必究